**Dinâmicas sociais na
luta por direitos no Brasil**

PUC
RIO

Reitor
Prof. Pe. Josafá Carlos de Siqueira SJ

Vice-Reitor
Prof. Pe. Anderson Antonio Pedroso SJ

Vice-Reitor para Assuntos Acadêmicos
Prof. José Ricardo Bergmann

Vice-Reitor para Assuntos Administrativos
Prof. Ricardo Tanscheit

Vice-Reitor para Assuntos Comunitários
Prof. Augusto Luiz Duarte Lopes Sampaio

Vice-Reitor para Assuntos de Desenvolvimento
Prof. Sergio Bruni

Decanos
Prof. Júlio Cesar Valladão Diniz (CTCH)
Prof. Luiz Roberto A. Cunha (CCS)
Prof. Sidnei Paciornik (CTC)
Prof. Hilton Augusto Koch (CCBS)

Angela Randolpho Paiva

Dinâmicas sociais na luta por direitos no Brasil

Editora PUC Rio

Pallas

© **Editora PUC-Rio**
Rua Marquês de S. Vicente, 225 – Casa da Editora PUC-Rio
Gávea – Rio de Janeiro – RJ – CEP 22451-900
Tel.: (21) 3527-1760/1838
edpucrio@puc-rio.br
www.editora.puc-rio.br

Conselho Gestor da Editora PUC-Rio
Augusto Sampaio, Danilo Marcondes, Felipe Gomberg, Hilton Augusto Koch, José Ricardo Bergmann, Júlio Cesar Valladão Diniz, Sidnei Paciornik, Luiz Roberto Cunha e Sergio Bruni.

© **Pallas Editora**
Rua Frederico de Albuquerque, 56
Higienópolis – Rio de Janeiro – RJ – CEP 21050-840
Tel.: (21) 2270-0186
www.pallaseditora.com.br
pallas@pallaseditora.com.br

Editores
Cristina Fernandes Warth e Mariana Warth

Revisão de texto: Cristina da Costa Pereira e BR75 | Clarisse Cintra
Projeto gráfico de capa: Daniel Viana
Projeto gráfico e diagramação de miolo: Regina Ferraz

Todos os direitos reservados. Nenhuma parte desta obra pode ser reproduzida ou transmitida por qualquer forma e/ou quaisquer meios (eletrônico ou mecânico, incluindo fotocópia e gravação) ou arquivada em qualquer sistema ou banco de dados sem permissão escrita das editoras.

Dados Internacionais de Catalogação na Publicação (CIP)

Paiva, Angela Randolpho

Dinâmicas sociais na luta por direitos no Brasil / Angela Randolpho Paiva. – Rio de Janeiro: Ed. PUC-Rio: Pallas, 2021.

168 p.; 21 cm

Inclui bibliografia
ISBN PUC-Rio: 978-65-88831-05-2
ISBN Pallas: 978-65-5602-024-2

1. Cidadania – Brasil. 2. Movimentos sociais – Brasil. 3. Democracia – Brasil. I. Título.

CDD: 323.60981

Elaborado por Marcelo Cristovão da Cunha – CRB-7/6080
Divisão de Bibliotecas e Documentação – PUC-Rio

Sumário

Introdução 7

CAPÍTULO 1
Década de 1970 – Cidadania em construção 15
Sobre a construção da cidadania no Brasil 18
Preservando as desigualdades estruturais 27

CAPÍTULO 2
Década de 1980 – Uma sociedade em movimento 41
Construção social da nova cidadania 46
Novas formas de participação 50
Engajamento e cultura cívica 60

CAPÍTULO 3
Década de 1990 – Novas formas de participação 75
Nova cidadania em construção 79
Novos processos de concertação social 89
Luta por reconhecimento nos movimentos sociais 98

CAPÍTULO 4
2003 – Novos arranjos na construção da cidadania 109
Sociedade civil em novas formas de atuação junto
ao Estado 111
Novos formatos nas manifestações sociais 135

CAPÍTULO 5
2016 – Crise na República 149

Bibliografia 161

Introdução

Esse livro é fruto de minha trajetória acadêmica, iniciada na década de 1990 com análises sobre a questão dos direitos humanos e os dilemas da construção da cidadania no contexto autoritário e conservador da formação sociopolítica brasileira. Reúno aqui reflexões que têm como base algumas das pesquisas realizadas a partir de então, tanto teóricas quanto de campo, fruto ainda da cooperação com alunos de pós-graduação do Programa de Pós-Graduação em Ciências Sociais da PUC-Rio, PPGCIS, e com alunos de graduação, no âmbito de pesquisas de iniciação científica. Também têm sido essenciais as atividades do grupo de estudos do CNPq, Grupo de Estudos Direitos, Reconhecimento e Desigualdade, Gedred, que dirijo em parceria com os professores Fernando Cardoso Lima Neto e Maria Sarah da Silva Telles. O Gedred congrega pesquisadores, alunos de pós-graduação e de graduação, estimulando a interação acadêmica em diversas instâncias, na apresentação de pesquisas, em seminários e ainda com leituras afins.

Os eixos centrais de minhas análises giraram sempre em torno da construção social da cidadania no Brasil, tanto nas formas persistentes de suas várias desigualdades, em especial a racial, quanto na análise dos movimentos sociais que foram gestados na sociedade civil fortalecida com o fim da ditadura militar. Assim, as novas dinâmicas sociais presentes na esfera pública que se democratizava – trazendo constantes pedidos de mudança, juntamente com as tensões produzidas por esses novos atores que entram em cena pedindo mudanças nos padrões cultural, social e político – foram sempre o ponto de partida de pesquisas realizadas. A busca pela argumentação teórica que sustentasse a pesquisa empírica foi também uma constante, seguindo a recomendação de Wright Mills de que a "imaginação sociológica" se dá a partir da inspiração que outros trabalhos nos trazem. Isso também é verdade na seleção dos conceitos centrais para o desenvolvimento dos argumentos, que dão a sustentação teórica para nortear a empiria.

Uma das hipóteses centrais a guiar as análises feitas é de que a relação entre democracia e cidadania requer a análise das dinâmicas sociais que surgem na esfera pública, no que se refere às novas agências, no momento em que oportunidades políticas se abrem com a consolidação da prática democrática. Surgem, assim, novos atores em *frames* de ação coletiva, cujo significado é questionar os padrões estruturais da desigualdade social existente, e que chegam para demandar a mudança tanto no plano político quanto no cultural. Assumo que jamais é um processo natural, nem tampouco um processo inexorável de ganhos sem volta, o que requer a constante necessidade de se ver de que forma elas se realizam, se expandem ou se contraem.

Dessa forma, a relação sociológica clássica da teoria social entre agência e estrutura se faz presente, no sentido de se ver a "dualidade da estrutura" defendida por Giddens há tempos, cujo ponto de partida em sua sociologia interpretativa é a capacidade de reflexividade que têm os atores cognoscentes de atuar nas estruturas sociais, condição necessária para a recriação constante da agência em um processo contínuo de escolhas. Essa capacidade de recriação, que transforma indivíduos em atores sociais, tornou-se um dos eixos centrais na teoria dos movimentos sociais focada na sociologia da ação, especialmente a desenvolvida por Alberto Melucci e Alain Touraine, e que assume importância central na análise das dinâmicas sociais apresentadas nesse livro. Ainda sobre a teoria dos movimentos sociais, as análises da sociologia "americana", em especial as de Charles Tilly, Sidney Tarrow e Doug McAdam sobre as oportunidades políticas que surgem para os movimentos sociais contemporâneos, juntamente com os repertórios de ação coletiva disponíveis para os atores no tempo e no espaço, ajudam a entender o móvel de ação coletiva que representou o processo de redemocratização brasileira na década de 1980. Tais análises estão em conversa direta com a produção acadêmica brasileira ao longo do texto. Assim, alguns desses processos analisados em várias pesquisas de campo realizadas são trazidos: como a ação de movimentos sociais específicos, em especial os movimentos negros questionaram a ideologia da democracia racial; como o *apartheid* social se fez presente no sistema escolar brasileiro; como a teoria crítica elaborada pelos teóricos do reconhecimento é essencial para desvelar os subtextos da nossa desigualdade social numa perspectiva interseccional; como são importantes as redes construídas na sociedade civil no pedido de redemocratização; e, ainda, como a ideia de direitos é forte como motor de lutas por emancipação nos movimentos sociais. Para desenvolver tais hipóteses, parto da análise da emergência dos direitos humanos nas democracias modernas; dos elementos fundantes do indivíduo portador de direitos que se sagra cidadão; das transformações estruturais na esfera pública para que tal processo se realize; das desigualdades persistentes nas relações sociais; da incompletude dos direitos humanos na formação social brasileira, com ênfase para os dilemas postos na fruição dos direitos sociais no cenário democrático.

Uma de minhas preocupações constantes foi ver como as teorias produzidas no "norte" ajudam a entender a complexidade das relações sociais construídas no Brasil, sempre com a preocupação de ver a validade heurística para a compreensão dos problemas brasileiros. Essa tradução requer a contextualização do que está sendo analisado, como será visto nas análises dos capítulos desse livro. E aqui sobressai a importância da sociologia histórica na tradição desenvolvida por Weber, que defende a atenção do sociólogo em estabelecer as relações causais que podem ser aferidas em cada contexto específico, no sentido de estabelecer as possíveis relações entre aspectos históricos, culturais, econômicos, políticos, religiosos ou sociais, e que possam trazer novas interpretações acerca das questões sociais.

E na contextualização que vai ser feita a seguir, os subtextos das desigualdades produzidas na formação social brasileira, tanto as materiais quanto as simbólicas, assumem especial importância. A teoria crítica produzida por Charles Taylor, Axel Honneth e Nancy Fraser sobre reconhecimento e redistribuição tem importância crucial para o entendimento das desigualdades persistentes produzidas pelo capitalismo moderno em geral e pela formação brasileira em particular. Como pano de fundo, estão as interpretações elucidativas de Jurgen Habermas e Hannah Arendt acerca das "transformações estruturais da esfera pública", pois ambos os autores defendem a necessidade de que os indivíduos usufruam o mínimo de igualdade na sua condição de cidadão para a participação no público. Está ainda a análise sobre sociedade civil desenvolvida por Jean Cohen e Andrew Arato, que passa a ser categoria fundamental para elucidar os dinamismos sociais desde o final da década de 1970 no Brasil. Essas chaves analíticas nos ajudam a compreender melhor os dilemas postos no momento em que dinâmicas sociais pediam o fim da ditadura militar, assim como os desafios de analisar, a partir da teoria crítica, as transformações ocorridas na esfera pública brasileira no momento da redemocratização do país.

Para empreender essa análise, começo o primeiro capítulo apontando para os fatores que estavam em gestação no final da década de 1970, que produziram as primeiras dinâmicas que se faziam necessárias para a nova agência requerida para a redemocratização do país. São vários os fatores, e são trazidos alguns que ajudam na compreensão do que estava por vir na década seguinte. É ressaltado nessas dinâmicas o processo dialético em curso, uma vez que a interação entre atores e esferas do Estado vai confluir para a abertura política e para a emergência de demandas reprimidas e controladas. O desafio era como lidar com os déficits vergonhosos dos direitos sociais do país, em especial no que se refere à educação, moradia e saúde.

O segundo capítulo trata exatamente da dinâmica entre agência e estrutura na década de 1980, no momento em que as liberdades individuais afloram e se traduzem em demandas que vão estar consubstanciadas na nova Constituição aprovada em 1988. Para entender tal processo, foi necessário trazer a discussão sobre direitos e como estes requerem novos formatos de padrão social, político e cultural. A análise trata, portanto, das novas configurações da construção social da cidadania e como este momento é fundamental para a emergência do sujeito portador de direitos; nos novos padrões de cultura cívica então construídos, quando a participação social se tornou possibilidade efetiva no fortalecimento da sociedade civil. Nesse momento, percebi que o tema deste livro não se restringia à análise de movimentos sociais específicos na demanda por novos direitos, mas sim contemplava um processo mais ampliado de interação de setores organizados da sociedade civil, nas redes de interação social construídas. Assim, falo em *dinâmicas sociais* para registrar a relação de mão dupla entre Estado e setores organizados da sociedade civil.

E essa relação fica mais clara no capítulo 3, quando analiso os primeiros governos democráticos da década de 1990. Não me detive na crise institucional com o impeachment do primeiro presidente eleito pelo voto popular, pois as condições de novos arranjos democráticos se apresentaram de forma mais clara depois de resolvida a crise política. Mostro nesse capítulo as novas formas de participação, as lutas por reconhecimento dos movimentos negros e de demanda por moradia, e mostro ainda as tensões colocadas quando novos atores entram em cena, no campo, nas terras indígenas, nas organizações LGBT, nas periferias, dentre tantas outras, na luta por direitos, questionando o acordo societário anterior injusto e desigual. A ênfase é na possibilidade mais efetiva de fruição de direitos, e como o marco jurídico aprovado em 1988 trouxe novas formas para sua formatação. Essa década se estende até 2002, uma vez que a eleição de Lula foi a proposta de mudança nos níveis de participação e de nova cultura cívica.

O capítulo 4 começa então com o governo Lula, quando as dinâmicas entre Estado, movimentos sociais e setores da sociedade civil organizada têm outro grau de interação. Entre as novas dinâmicas, enfatizo a criação de conselhos e fóruns, em especial com a criação de secretarias com as de mulheres, juventude e da promoção racial, cuja tarefa era trabalhar transversalmente com esses grupos visando à formulação de políticas públicas que pudessem atacar suas desigualdades duráveis. Mostro a pedagogia cívica que se construía na vivência democrática e como o dinamismo dos movimentos sociais se fez presente ao longo dessa década para trazer mudança nos padrões cultural e político, exemplificada com a luta pela moradia digna e pela democratização do ensino superior. As dinâmicas sociais assumem, no entanto, novas proporções a partir de 2013, na forma de mobilizações, greves, protestos, que vão formatando os caminhos da crise política que se instala a partir de outro processo de impeachment.

Para fechar a discussão empreendida aqui, trago, no capítulo 5, algumas breves reflexões acerca do retrocesso em curso desde 2016, cuja gênese está no questionamento dos direitos conquistados, na desconstrução da solidariedade social, no recrudescimento de várias formas de intolerância e no esgarçamento do acordo societário baseado no pluralismo e no direito às diferenças.

É um livro pensado para alunos de graduação, e fica a aposta de que os ganhos mostrados aqui ao longo das décadas de reconstituição democrática persistirão nas redes construídas, em seus vários níveis de interação social. Pois as dinâmicas foram construídas, novos atores aprenderam a lutar por seus direitos na esfera pública, com pautas que evidenciam a diversidade da sociedade brasileira, e com lutas por reconhecimento de identidades negadas ou subalternizadas que se movem em redes nacionais e internacionais É um processo de aprendizado, que quero acreditar ser inexorável, pese os percalços de fluxos que os negam.

CAPÍTULO 1
Década de 1970 – Cidadania em construção

O Brasil viveu um longo período de ditadura militar, quando foram suspensas as liberdades civis e os direitos políticos dos cidadãos. Entre estes, estavam as liberdades de expressão, os direitos ao devido processo legal e ao voto. Foi um período de forte repressão a qualquer forma de associação da sociedade civil, de controle dos sindicatos e do desmantelamento das formas de representação política existentes até então. De 1964, com a edição do primeiro Ato Institucional, até 1968, com a edição do AI-5, todas as garantias e os direitos dos cidadãos foram revogados. Costuma-se pensar que a década de 1980 foi aquela em que se iniciou a reação ao regime militar, mas é preciso ressaltar que na segunda metade dos anos 1970 foram lançadas as bases de todas as formas de mobilização e demandas do que viria ocorrer na década seguinte.

Neste capítulo, ressaltarei algumas das principais bases que confluíram para a mudança efetiva, que seria "lenta, gradual e irrestrita", para o processo de retorno à democracia no país. Assim, a ênfase será na análise da segunda metade da década de 1970, quando estavam colocadas as evidências de que a ditadura militar estava nos seus estertores. Os desafios eram enormes: o país entrava numa crise econômica depois de décadas de crescimento econômico, crescimento seletivo que ajudou a construir a onda ufanista do início da década de 1970, do "Brasil ame-o ou deixe-o". A repressão levou centenas de pessoas à tortura, ao exílio e à morte, mas havia o consentimento de setores expressivos da classe média brasileira ao fechamento político de 1964, diminuído a partir de dezembro de 1968 com a decretação do AI-5. Foi um momento paradoxal: juntamente com o endurecimento do regime militar, o país do futuro finalmente estava chegando com a modernização da burocracia de Estado e do crescimento econômico, e o Brasil ainda ganharia pela terceira vez a Copa do Mundo e entrava vitorioso na rota do circuito de Fórmula 1.

No entanto, o *boom* econômico do início da década não mitigou os padrões estruturais da desigualdade social brasileira. Muito pelo contrário, o forte crescimento econômico chegou junto com uma desigualdade social ainda maior. A pobreza e a miséria não foram diminuídas e o Brasil ostentava o triste título do segundo país mais desigual do mundo. Continuava a ser o país cujo projeto de nação era para grupos específicos, no qual ficou ainda mais difícil a construção de um Estado-nação que pudesse lançar as bases da integração mínima para que o acordo social pudesse ser revertido num projeto de país mais solidário, justo e inclusivo.

Deixando a economia de lado, neste capítulo vão ser ressaltados alguns dos principais efeitos de tamanha desigualdade na década de 1970, quando não foram pensadas medidas no campo social que amenizassem tais padrões no que se refere aos direitos sociais mais básicos para que começasse a ser revertido o quadro das desigualdades persistentes. Afinal, o país não soube atender à grande leva de migrantes que chegava aos grandes centros urbanos, que vinham de regiões brasileiras onde a sobrevivência humana se tornara insuportável, nem tampouco conseguiu atender à população urbana que já vivia nas margens do acordo social vigente. Vai ser visto como os problemas sociais foram agravados com a falta de acesso à educação, à saúde, à moradia ou ao saneamento, para falar das condições mais básicas para uma vida digna, como define Charles Taylor (1994) o pacto social alcançado nas sociedades modernas com a ideia da igual dignidade para todos. Eram cidadãos brasileiros, sim, mas cidadãos de segunda classe, excluídos do projeto modernizante seletivo então em curso.

Para se entender a tragédia social brasileira no tocante à fruição dos direitos humanos, é importante ir além das promessas formais das várias edições das constituições brasileiras e, na tradição da teoria crítica, ter como eixo central de análise as desigualdades estruturais que significaram impedimentos profundos para que o acordo social brasileiro provesse o mínimo de condições para resolver os déficits históricos no que diz respeito aos diversos tipos de direito. Procurar, portanto, os subtextos dos acordos sociopolíticos que imprimiram a marca indelével do projeto de nação para poucos, deixando setores expressivos da população, tanto no campo quanto na cidade, à margem do desenvolvimento que era construído. Na análise que segue, vai ser ressaltado que as bases para as mudanças que surgem no final da década de 1970 estão ligadas aos déficits da fruição dos vários tipos de direitos humanos.

Assim, é uma década que se encontra na encruzilhada de resolver a questão social brasileira: o grande crescimento econômico, intensificado no regime militar, não significou um projeto de redistribuição. Muito pelo contrário, a concentração de renda manteve seus índices elevados e o projeto de "modernização seletiva" (Souza, 2000) seguia em curso. E cabe uma pergunta inicial: o que estava em processo, na segunda metade dos anos 1970, que possibilitou a emergência da forte demanda para as reivindicações que entrariam em cena com força nas diversas formas de organização da sociedade civil na década seguinte? E nada melhor do que começar com a discussão dos direitos humanos na perspectiva crítica para a análise mais acurada das falácias das promessas de uma cidadania que se manteve no nível formal, mas que atendia a grupos seletos sem que fossem alcançadas as condições básicas de direitos universalizados para um acordo social mais justo.

Sobre a construção da cidadania no Brasil

Há excelentes análises a respeito do déficit dos direitos humanos no Brasil, análises que se debruçaram sobre a questão da cidadania, tema privilegiado a partir da década de 1970. Tais análises conceituaram cidadania sempre seguida de adjetivos para definir sua incompletude e suas relações complexas com o Estado: *estadania, cidadania regulada, da dádiva, passiva, subcidadania, disjuntiva*, entre outros. Da mesma forma, a democracia antes de 1964 também precisou ser adjetivada, uma vez que era pensada de cima para baixo, sem que os mínimos requisitos para sua realização efetiva estivessem presentes: era uma democracia autoritária, excludente, conservadora. Era um projeto de sociedade longe de ter como meta a *boa vida* da visão aristotélica, cuja ideia estava baseada na vida vivida em comunidade, baseada em solidariedades autênticas e efetivas, como analisou Michael Walzer (1995).

José Murilo de Carvalho ajuda nessa discussão: em *Os bestializados*, mostra o pecado original de nossa república, república feita pelo alto, sem participação popular. Qual é seu argumento principal? O povo não se via como cidadão, uma vez que não estava contemplado na república que se iniciava na década de 1890. Somente aqueles que conseguiam alguma relação com o Estado eram contemplados com direitos. Assim, chamou de *estadania* esse primeiro exercício de cidadania republicana, de grupos que não se organizavam pelo *interesse* em novas formas de associação e representação, características das repúblicas modernas, mas sim pela participação nos escalões do Estado. Estadania é um conceito de grande validade heurística para se entender esse momento inicial da nossa república, uma república para poucos e sem estar preocupada em elaborar a construção radical de um projeto republicano, cuja premissa básica é a igualdade mínima para que todos os cidadãos possam usufruir do patamar mínimo de autonomia para o exercício de suas liberdades. E Carvalho enfatiza a importância da educação porque o povo, com quase 90% de analfabetos na década de 1890, estava excluído do direito ao voto: assim, "exigia-se para a cidadania política uma qualidade que só o direito social da educação poderia fornecer e, simultaneamente, desconhecia-se esse direito" (1991, p. 45).[1]

E José Murilo ainda descreve de forma original como o povo do Rio de Janeiro, seu foco de análise e então capital da República, era propenso a festas religiosas e de carnaval nos espaços públicos; descreveu ainda como o povo que não estava contemplado na festa republicana como cidadãos se "virava" para sua sobrevivência. Criou tipos ideais para descrever esse povo: de um lado, havia os "bilontras", que tinham um grau de esperteza para seguir em frente nas suas condições inóspitas de vida; de outro, no plano político, havia os tribofes, representantes do poder que desenvolveram táticas de convivência com a desordem ou uma ordem distinta da prevista, pois "havia a consciência clara de que o real se escondia sob o formal. Neste caso, um terceiro grupo, os que se guiavam pelas aparências do formal estavam fora da realidade, eram ingênuos" (idem, p. 159), ou seja, eram os "bestializados".

Essa análise guarda afinidade com a trazida por Wanderley Guilherme dos Santos acerca da *cidadania regulada*, construída por Getúlio Vargas a partir de 1930, mas cujas bases estavam na República Velha. Ressalta que é preciso distinguir o Brasil rural, com forte controle sobre as relações de trabalho pelas elites agrárias, do incipiente país urbano que crescia e se regulava com os setores que estavam contemplados pelo Estado. Assim, aponta Santos, Vargas vai responder às demandas da elite e intervir na ordem econômica ao construir uma enge-

---

[1] José Murilo mostra a gradual exclusão de grande parte da população, uma vez que o voto era proibido para os analfabetos desde 1881. Em 1894 apenas 2% da população estavam aptos a votar.

nharia institucional que "deitará raízes na ordem social brasileira com repercussões na cultura cívica do país e até mesmo nos conceitos e preconceitos das análises sociais correntes" (1987, p. 68). O mecanismo criado é o que o autor chamou de cidadania regulada, cujas bases estão assentadas sobre o sistema de estratificação ocupacional criado e reconhecido por lei, como foi o surgimento dos vários institutos de aposentadoria e pensões (IAPs) das atividades urbanas do país: industrial, transporte, comércio, bancária, trabalho. Aliada a essa regulação dos servidores urbanos, houve ainda a forte relação estabelecida entre os sindicatos com os trabalhadores em profissões. E quando Vargas criou a carteira de trabalho em 1942, aponta ainda Santos, foi o "nascimento cívico" dos empregados urbanos do país.

Tanto a análise de José Murilo quanto a de Wanderley Guilherme convergem para a presença do Estado cada vez mais forte nos centros urbanos. Há que insistir no urbano porque nenhuma das medidas pensadas por Vargas contemplava o campo, onde se encontravam mais de 70% da população brasileira na época. Vargas tinha, sem dúvida, um projeto modernizador, mas excludente e autoritário, como analisou Otávio Velho (1979), com um Estado fortalecido pela aliança construída pelo alto com as elites tanto rurais quanto urbanas. Porque o setor rural pedia apenas para que se mantivesse inalterado o regime das fazendas autárquicas, como bem descreveram Werneck Vianna (1997) e Sérgio Buarque de Holanda (1982), o poder dos senhores rurais nas suas propriedades, base do patrimonialismo brasileiro e das relações espúrias entre o público e o privado.[2] O que é importante ressaltar aqui é a impos-

---

[2] A análise da formação sociopolítica desse período foge ao escopo do presente estudo. Ver as análises de grande relevância de Victor Nunes Leal (1993), Raimundo Faoro (1976), e Simon Schwartzman (1988), Elisa Reis (1982), dentre outros, para a gênese da sociedade patrimonialista brasileira e de nossa modernização excludente.

sibilidade da construção de uma cidadania realmente republicana, em que condições estivessem dadas para o processo de crescente ampliação de direitos, como ocorreu nas sociedades que inspiraram o processo político democrático do ocidente, como França, Inglaterra ou Estados Unidos.

Fazendo um breve parêntese sobre a questão da cidadania e democracia nas sociedades modernas, onde houve a revolução burguesa de fato e onde os direitos humanos nas suas várias formas passaram a inspirar mobilizações sociais para sua maior fruição, é preciso trazer a produção teórica sobre o tema depois da Segunda Guerra Mundial. Um autor que ajuda a entender as premissas para a construção da cidadania nas sociedades modernas, e é frequentemente citado como aquele que foi capaz de criar uma tipologia para se entender o desenvolvimento da cidadania na Inglaterra, é T. H. Marshall (1967). Sua tipologia separa: a) os direitos civis, aqueles das liberdades individuais (liberdade religiosa, de pensamento, de expressão, de ir e vir), e dos direitos à propriedade, ao trabalho e à justiça, conquistados a partir do século XVIII; b) os direitos políticos, aqueles da liberdade de associação e direito ao voto, conquistados a partir do século XIX; e c) os direitos sociais, aqueles alcançados no século XX, referentes à educação, à saúde públicas, à moradia subsidiada pelo Estado e ao trabalho organizado pelos próprios trabalhadores em sindicatos. O novo *status* para a fruição dos direitos civis muda radicalmente a ideia do status anterior, relacionado ao pertencimento à aristocracia. A partir da conquista dos direitos civis, ressalta Marshall, o status de cidadania vai passar pela conquista dos vários tipos de direitos, em especial à educação, com o mínimo de integração dos indivíduos à nação.

Assim, Marshall defendeu que os três tipos de direitos, em especial o direito à educação, considerado por ele como "pré-requisito para a fruição da cidadania", tornaria o acordo social inglês mais igualitário, não dependendo de maior distribuição de renda. Marshall via o acesso universalizado à educação, alcançado ainda no final do século XIX quando a educação primária se tornou pública e obrigatória, como a via para se atingir a condição de cidadão ("civilizado", analisava ele na época) do acordo igualitário nas democracias liberais. Seu famoso artigo, originado de uma conferência proferida em 1949, veio a se tornar referência obrigatória na análise da construção da cidadania nas democracias ocidentais, e vários autores reagiram a seu argumento, ora criticando, ora alargando seu conceito.[3]

Certamente a análise de Marshall continha grande dose de otimismo, no momento do pós-guerra em que se construía a sociedade do bem-estar social em vários países da Europa. Mas é uma tipologia que inspirou sempre novas análises, como o fez Jean Leca (1991), que deu importância à educação que se ampliava nos países europeus no século XX, proporcionando que se construísse o "mapa mental" para os cidadãos estarem em condições de uma crescente participação. Bryan Turner (1990) também partiu do modelo de Marshall, mas alertou para a necessidade de se ter em mente a cultura política de cada país para se entenderem os meandros e as especificidades da construção social da cidadania. Assim, a tradição política de cada nação, que pode ser construída "de baixo" ou "de cima", juntamente com o maior ou menor grau de participação na esfera pública, permite entender a diferenciação da aquisição dos direitos de cidadania de cada país. É necessário, portanto, pensar sempre nos aspectos históricos, políticos e culturais relacionados aos condicionantes econômicos de cada contexto nacional para a compreensão da complexidade da realização

---

[3] José Murilo de Carvalho (2002) usou a tipologia de Marshall para mostrar que no Brasil houve uma inversão na realização dos direitos: os direitos sociais foram outorgados de cima para baixo e vieram antes dos direitos civis; foram "doados" especialmente nos dois momentos de fechamento político do Estado Novo e no golpe de 1964.

dos direitos humanos. E a educação é uma condição implícita para a expansão da participação social e política. Não é tarefa fácil, mas dois autores ajudam muito na análise mais fina de tal empreitada. O primeiro deles é Reinhard Bendix (1969), que, numa tradição weberiana da sociologia histórica comparada, vai mostrar como os direitos analisados por Marshall foram realizados em vários países da Europa, dando ênfase à gênese da construção do Estado-nação para as primeiras políticas públicas educacionais e para a liberação nas relações de trabalho. Para o autor, a educação cumpriu a importante função de integração social dos estados nacionais em construção, sendo a integração social o fator primordial de sua análise. Aponta ainda a relação paradoxal entre a igualdade no seu estatuto jurídico, base dos direitos sociais, e a geração da desigualdade a que os indivíduos são submetidos na sua condição econômica advinda do sistema capitalista. Mas, ressalta o autor, a ideia de direitos foi uma ideia forte para as futuras lutas travadas para maior participação na esfera pública, na constante demanda pela fruição efetiva dos direitos de cidadania.[4] E a educação pública se tornou elemento-chave para tal mudança.

Além de Bendix, Barrington Moore trouxe, na década de 1960, a construção dos direitos para o plano sociopolítico ao escrever sobre as origens da democracia capitalista, analisando vários contextos históricos.[5] Para Moore, são três as condições

---

[4] Bendix ressalta ainda que a conquista dos diversos tipos de direitos nas sociedades europeias significou, para os estratos mais baixos dessas sociedades, a ideia do "critério de igualdade abstrato", motor para as constantes lutas que surgiriam a partir do século XIX.
[5] Moore analisa vários contextos históricos para demonstrar seu argumento principal sobre a transição do mundo pré-industrial para o mundo capitalista moderno. Ao analisar a revolução puritana inglesa, a Revolução Francesa e a Guerra Civil americana, mostra como nesses três países foram dadas as condições para o que chamou de "via da revolução burguesa". Vai contrapor esse processo à revolução conservadora que ocorreu na Alemanha, que resultou no fascismo no século XX. A terceira via resultou na via comunista da Rússia e da China.

para se entender o desenvolvimento da democracia: a) controle de governantes arbitrários; b) substituir leis arbitrárias por leis justas e racionais; e c) conseguir que a população participe na elaboração das leis (1983, p. 409). Para não fazer injustiça a uma análise brilhante sobre "as origens sociais da ditadura e da democracia", importa ressaltar que a ruptura com o antigo regime, a abertura às relações comerciais e a progressiva participação burguesa na política foram condições essenciais para a contínua modernização das sociedades capitalistas ocidentais.

Tanto a análise de Moore quanto a de Bendix apontam para condicionantes históricos importantes para a ruptura com formas tradicionais de organização no caminho da construção de Estados nacionais modernos e para a possível construção de suas culturas políticas. São mudanças profundas na organização econômica, na representação política, na pluralidade religiosa e, base para tudo isso, está o indivíduo que ganha novo estatuto ao se sagrar cidadão. São mudanças epistemológicas, e o estatuto teórico construído acerca da construção dos estados nacionais modernos representa um tipo ideal para a análise de outros estados que se modernizavam. É um processo em permanente construção, mas indicador dos Estados nacionais que lograram maior redistribuição não só no pós-guerra, mas ainda no século XIX, quando rupturas para formas modernas de acordos sociopolíticos estavam em curso.

Mas cabe perguntar se a análise de Moore esclarece acerca da cultura política construída no Brasil, uma vez que não houve a ruptura descrita por ele, nem a outorga progressiva dos direitos sociais analisada por Bendix. Houve, sim, a acomodação, o mudar-conservando, que levou a uma chave conservadora e excludente do Estado-nação, visto que o acordo sociopolítico construído não permitia grande participação social, as mudanças eram feitas para atender aos interesses das elites tanto agrárias quanto urbanas, e o arbítrio se deu de forma sutil, paradoxal e ambígua na história republicana. A análise de

Bendix mostra como a expansão da educação e as formas organizadas do trabalho foram importantes para que os indivíduos estivessem em condições de começar a participar no acordo sociopolítico de cada nação, como ressalta Moore. Pode-se perguntar ainda se a análise da cidadania na chave alcançada pelas democracias de capitalismo avançado tem alguma validade heurística para a análise da cidadania e da construção da democracia no Brasil. Vai ser defendido que sim, uma vez que nossas constituições foram importadas desses países e a ideia de igualdade e liberdade estava inscrita em todas as promessas constitucionais e, desde então, tem sido a ideia a nortear demandas sociais. Mas nossa revolução burguesa foi a "conta-gotas", como bem analisa Werneck Vianna (1997). O momento em que as forças modernizadoras da sociedade tiveram que pactuar com as forças do atraso a partir da revolução de 1930, quando, em um processo de revolução passiva pelo alto, resultou em acordo social muito diferente daquele realizado em países onde houve a revolução burguesa identificada por Moore.[6] Não houve, assim, no país, a via da revolução burguesa destacada por Moore, uma vez que forças tradicionais conviveram com o processo modernizador desde a década de 1930, cujo resultado foi sempre a *ambiguidade* do nosso acordo social. E se seguirmos a análise de Bendix sobre a liberação do trabalho e a expansão da educação formal em diversos países europeus, podemos perceber que foram dois dos fatores mais cruciais para a manutenção da desigualdade estrutural da sociedade brasileira.

---

[6] Em seu livro *A revolução passiva*, Werneck Vianna vai analisar o ciclo de mudança e permanência, característico das mudanças na nossa formação sociopolítica. O papel do Estado foi muito importante depois de 1930 para o desenho de uma ordem política conservadora e autoritária, quando o Estado passa a ter papel preeminente na modernização burocrática do país. Ver ainda Florestan Fernandes em *A revolução burguesa no Brasil* para a análise magistral de como as forças modernas do comércio "absorveram de modo insensível mais rápido os critérios estamentais da ordem social escravocrata e senhorial" (1981, p. 183).

No caso do trabalho, a regulação estatal produziu divisões profundas, como analisa Vera da Silva Telles o paradoxo da garantia dos direitos sociais pelo viés corporativo: "É nisso que se explica o aspecto mais desconcertante da sociedade brasileira, uma sociedade que carrega uma peculiar experiência histórica na qual a lei, ao invés de garantir e universalizar direitos, destitui indivíduos de suas prerrogativas de cidadania e produz a fratura entre a figura do trabalhador e a do pobre incivil" (2001, p. 24). Nessa organização do trabalho excludente, a pobreza se torna parte da paisagem e o pobre não encontra as condições mínimas para se tornar sujeito de direitos. Muito pelo contrário, será assistido por instituições de caridade que o "protegerão". E segue Telles, "trabalho e pobreza transformam-se, assim, em dois modos antinômicos de existência social" (idem, p. 27).

A análise feita nos conduz à análise crítica proposta neste livro, pois para se entender o déficit histórico dos direitos no Brasil é preciso trazê-la para a chave da desigualdade estrutural brasileira analisando os subtextos que estão presentes. E cabem duas perguntas nesse momento:

1) Quais fatores de nossa organização social permitiram o *consentimento* da maior parte da população brasileira à perpetuação de formas tão eficazes de manutenção da desigualdade?

2) Se a chave dos direitos é importante para a análise crítica da desigualdade social, quais elementos estão aí contidos e que resultaram nas primeiras "transformações na esfera pública" iniciadas a partir do final da década de 1970 para o retorno à democracia?

São perguntas que podem ser respondidas de várias formas, mas para a primeira vão ser ressaltados dois aspectos que resultaram em entraves reais para a mudança efetiva no padrão da desigualdade brasileira, que chegou ao século XX com o legado do último país a abolir a escravidão e com sua concentração fundiária inalterada: primeiramente, o enorme descaso na oferta de uma educação pública universalizada para a criação de instância emancipatória para os cidadãos, como defendida por Marshall, pois não houve políticas públicas educacionais pensadas pela República nascente que alcançasse todo o território nacional, todos os grupos até então excluídos. Ainda, e guardando afinidade com esse primeiro aspecto, está o também tremendo descaso com a integração do negro na sociedade de classes, para parafrasear Florestan Fernandes (1978). Assim, o "pobre inicial" continha grande percentual de negros que foram deixados à própria sorte com o fim da escravidão, como será analisado adiante.

Preservando as desigualdades estruturais

A educação universalizada foi sempre componente fundamental para o projeto societário mais inclusivo. Assim como Marshall defendia a importância da educação para o exercício das liberdades civis, Bendix mostra como os países europeus protestantes foram os primeiros a pensar na educação primária, ainda na primeira metade do século XIX, para que os fiéis tivessem condições de ler a Bíblia. Nos países católicos, tal necessidade não era sentida da mesma forma, uma vez que os especialistas, o clero, eram aqueles que tinham a responsabilidade da tradução dos preceitos religiosos.[7] Charles Taylor (1994) ressalta ainda como a passagem da *honra* para a concepção moderna de *dignidade* foi fundamental na construção das democracias modernas, quando a ideia da identidade individual começa a ser construída no final do século XVIII. Para compreender tal passagem, Taylor vai dar especial atenção à potencialidade embutida na ideia de igual dignidade; vai buscar em Hegel a importância do reconhecimento mútuo para a realização da comunidade de igual valor na construção de

---

[7] Essa mediação foi apontada por Weber de forma magistral em *A ética protestante e o espírito do capitalismo*. Teve ainda outro efeito perverso: a baixa escolaridade histórica em vários países católicos.

acordos sociais mais justos para se alcançar a dignidade mínima do cidadão. O não reconhecimento produz danos àqueles que são submetidos a diversas formas de desrespeito.

Está sendo defendido na presente análise que a ampliação gradual da educação a toda a sociedade foi condição para a realização da ruptura com o mundo tradicional. E a educação, como dever do Estado, foi pensada em várias sociedades como a condição diferenciadora da expansão da cidadania. Durkheim (1978), um dos fundadores da sociologia, mostrou a importância da educação – tanto a formal quanto a moral – como instância emancipatória para a integração dos indivíduos na sociedade. Longe de ter apenas a função instrumental do aprendizado, a "educação moral" cumpre o papel de inculcar nas crianças as ideias morais de seu tempo para o enriquecimento da moral individual. Assim, numa perspectiva funcionalista, enfatizou o papel da educação como a instituição primordial, ao lado da família, para a constituição das sociedades modernas. Dewey (1959), na mesma época, vai mais longe: sociólogo americano, numa perspectiva pragmática, defendia a importância da aprendizagem escolar como condição intrínseca para a reconstrução permanente da experiência das crianças que ingressassem no mundo escolar, ressaltando a importância de a educação estar atrelada à vida e de ser instância ao mesmo tempo libertadora e integradora à sociedade.[8]

Mas tal integração certamente não era uma das preocupações dos vários presidentes que se sucederam na República Velha. Os níveis de escolaridade eram muito baixos, com alguma maior escolaridade nas principais cidades que se formavam

---

[8] Ver Dewey (1959), *Democracia e educação*, para as principais bases de sua pedagogia, assim como a análise de Anísio Teixeira (2005), que dedicou sua vida à melhoria do sistema de ensino do país na primeira década do século XX. A influência de Dewey em Anísio Teixeira foi fundamental para que este propusesse uma escola menos bacharelesca e que atendesse às necessidades de capacitação dos jovens.

no país, ainda que apenas 16,5% da população viviam em cidades com mais de 20 mil habitantes segundo o censo de 1920. Concomitantemente, desde o advento da República, várias ordens religiosas chegaram ao país para fundar seus colégios, com o objetivo de formar as futuras elites do país. Assim, a responsabilidade da formação das futuras elites do país ficou nas mãos das ordens religiosas, que lograram nova autonomia com o fim da Monarquia.[9] As taxas de analfabetismo no Brasil se mantiveram altíssimas durante toda a República Velha, o que cabia como uma luva no processo de nação excludente da República Velha. Lembrando que a maioria da população brasileira viveu no campo até a década de 1950, pode-se mesmo dizer que foi iniciado então o *apartheid* educacional brasileiro, ciclo perverso que não permitiu que a população jovem pobre, principalmente a rural, tivesse possibilidade de acesso à educação.

Como já demonstrara Irene da Silva Telles (1989) em seu estudo sobre as primeiras décadas da Monarquia no Brasil, os projetos para a implantação da instrução pública eram propostos pelas mentes progressistas desde a Regência, mas nunca eram apreciados, pois a *conciliação* nacional foi a grande preocupação durante todo o Império. Às elites e às classes médias nascentes, estavam as escolas particulares religiosas que asseguravam a educação de qualidade para os jovens. Havia exceções: o Colégio Pedro II, criado no século XIX por D. Pedro II, era referência nacional e foi um dos primeiros projetos com feição republicana, ainda que atendesse aos jovens das classes médias e média alta na capital do Império e depois capital da República.

A partir da década de 1930 houve grande divergência do que deveria ser a educação pública no país. De um lado, esta-

---

[9] Durante o Segundo Reinado, o Imperador detinha forte influência no catolicismo brasileiro secular, em um regime conhecido como Padroado. As ordens religiosas ficariam fortalecidas apenas com o advento da República, num processo de romanização dessas ordens ligadas ao Vaticano que chegavam para fundar seus colégios (Paiva, 2003).

vam os defensores da "escola nova", movimento nacional que reunia pensadores de diversos estados, preocupados com a concepção de uma política educacional para o país, e defendiam o ensino público laico com a proposta de mudança radical do que seriam as políticas públicas educacionais na era Vargas; de outro, estava a mobilização da Igreja Católica em defesa do ensino religioso nas escolas públicas, que tinha sido abolido em 1891. Nessa queda de braço, ganhou a pressão dos grupos religiosos que denunciavam ainda a laicização da cultura e da educação de formação técnica, com ataques diretos a Fernando de Azevedo e a Anísio Teixeira, dois líderes ativos da escola nova. Para encurtar uma história complexa, o ensino religioso foi incluído na Constituição de 1934 nas escolas públicas, e as escolas particulares de ensino religioso ganharam novo impulso com subsídios para seu funcionamento, no momento que foi nomeado para o ministério da Educação e Saúde Gustavo Capanema.[10]

Foi a perda da possibilidade de se estabelecer uma escola laica que atendesse às necessidades da industrialização que se iniciava, fundamental para que as condições mínimas de integração fossem ofertadas de maneira universalizada. Fortaleceu-se, assim, a separação entre o ensino público e o privado (na sua maior parte religioso). A oferta de escolas públicas era insuficiente para atender à população dos centros urbanos que se adensava e a oferta dependia de cada estado. No campo, via de regra, os colonos não tinham acesso à alfabetização, visto não existir uma política pública universalizada de âmbito nacional. Como analisa Luiz Antonio Cunha, "a educação escolar

---

[10] Para um excelente relato dessa contenda na década de 1930, ver Schwartzman et al., *Tempos de capanema*. Na mesma época, a Igreja Católica passava por grande renovação com a criação do Centro D. Vital, que enfatizava o humanismo cristão e uma ação conjunta com o laicato religioso. Foi criada a revista *A Ordem*, que teria em Alceu de Amoroso Lima um de seus maiores expoentes na defesa do catolicismo, agindo nos vários setores da sociedade.

brasileira é herdeira direta do sistema discriminatório da sociedade escravagista sob dominação imperial" e a "persistência da escola excludente" se tornou evidente desde o nascimento da República (1991, p. 31). A industrialização brasileira não passou pela escola, sustenta Cunha, uma vez que os trabalhadores (na sua maioria imigrante e quase analfabeta) eram treinados nas próprias oficinas, sendo que os setores da burocracia nascente forneciam qualificação a esses grupos enquanto salários muito elevados eram pagos àqueles com alta qualificação. O resultado foi uma situação de salários muito baixos devido à enorme procura por emprego. Salários reprimidos naqueles setores que não eram regulados pelo Estado, alimentando a pobreza estrutural descrita anteriormente por Vera Telles.

Com a ausência da escola republicana, mantinham-se assim os altos índices de analfabetismo que perduraram ao longo do século XX: em 1950 eram 50,6% de analfabetos, segundo dados do INEP e 39,7% na década de 1960. Para se ter a dimensão do tamanho do déficit educacional, Cunha (1991, p. 51) lembra que em 1970, a taxa de escolarização da população de 15 a 19 anos no ensino de segundo grau era de apenas 6,5%, e no ensino de primeiro grau era de 36,2%. Tais dados evidenciam o processo de exclusão sistemática da maior parte da população brasileira. Sendo a educação universalizada um dos grandes vetores para se pensar num projeto democrático inclusivo, nosso projeto educacional ficou assim numa chave invertida quando comparado a outras democracias. Não é preciso ir para os países do norte, pois países vizinhos, como o Uruguai, Chile e Argentina, estavam pensando em formatos efetivamente republicanos para a educação pública.[11]

---

[11] Ver Cunha (2001) para análise detalhada da inexistência de políticas educacionais na base, no ensino primário e na pré-escola do país para mitigar as desigualdades persistentes no sistema educacional. O autor define as políticas pensadas ao longo do século XX como políticas "zigue-zague", uma vez que a cada gestão escolar eram pensadas políticas "inovadoras".

E, na década de 1970, o sistema educacional brasileiro dos grandes centros urbanos sofre outro ataque, quando foi pensado um projeto ainda mais perverso para fazer frente à grande demanda pela escola pública, causada pela onda migratória interna que fez o Brasil se tornar um país majoritariamente urbano em apenas duas décadas. A escola pública se viu entrincheirada frente a tal demanda e sofreu um golpe de morte quando o governo militar promulgou a Lei n. 5.692, de 1971, cujo marco era o ensino "profissionalizante" nos estabelecimentos de ensino público, enquanto as escolas da rede privada continuavam a oferecer o ensino de formação abrangente nas várias disciplinas, o que capacitaria os alunos para sua entrada no ensino superior. Além do mais, foram criados três turnos para dar vazão à demanda pela escola pública.

Foi, assim, um momento dos mais perversos: a escola pública, que havia logrado ter bons estabelecimentos de ensino nos principais centros urbanos nas décadas anteriores, e que atendia aos setores médios, alguns deles de referência e com ótimos profissionais, foi gradualmente se tornando a "escola do pobre". É o que analisa Tania Dauster (1992) sobre o momento em que a classe média começa gradualmente a deixar o ensino público. É o que também mostra Vanilda Paiva sobre a construção da escola popular de massa, ressaltando que a democratização da base educacional, ocorrida entre os anos de 1945 e 1970, "não funcionou como verdadeira democratização porque a qualidade piorou, o fluxo manteve-se retido, permaneceram tanto no gargalo no Segundo Grau quanto na alta seletividade no Terceiro" (1998, p. 48).[12] Ambas as autoras enfatizam a perversidade das políticas pensadas, que acirraram o

---

[12] Vanilda Paiva fez pesquisa ampla a respeito da democratização do ensino brasileiro que veio com suas mazelas: precarização do ensino com a inclusão em massa das populações que chegavam aos grandes centros urbanos, o quadro de repetência sistemático nos primeiros anos de ensino, a evasão escolar, assim como as frustrações sentidas pelos alunos e suas famílias.

que vem sendo ressaltado aqui como o *apartheid* educacional brasileiro.

A análise sobre o déficit da educação brasileira ajuda na resposta à primeira pergunta, acerca dos fatores que permitiram a aquiescência da população brasileira à ordem social excludente. Afinal, a baixíssima escolaridade do povo brasileiro, com alta taxa de analfabetos, é um fator que explica a marginalização de grande parte da população e uma das razões para sua pouca participação nas questões centrais do país, não possibilitando a criação de uma cultura política de participação na esfera pública. Muito pelo contrário, foi a criação de uma afinidade eletiva com o processo político do mudar-conservando, de mudar para que tudo permanecesse o mesmo. Não houve a ruptura pensada por Taylor como condição para as democracias modernas: o "pobre" era objeto de *cuidados*, e não sujeito de direitos, direitos que eram transformados em caridade. Além do mais, a organização do trabalho da população pouco escolarizada não permitia o alcance de uma vida digna, nem um projeto social de *vida boa*. É a chave invertida do processo de modernização de que falavam Bendix e Moore.

Mas é preciso ver ainda quais traços culturais predominantes estavam presentes desde sempre para a naturalização da nossa desigualdade estrutural e que são importantes para a resposta à pergunta sobre o consentimento da população a tal padrão de desigualdade. Serão destacados quatro: a) primeiramente, com a desigualdade estrutural desenvolvida, manteve-se a *hierarquização* na ordem social, antítese do que se falava anteriormente a respeito da igualdade como pressuposto para a participação na esfera pública (DaMatta, 1993); b) a desigualdade estrutural manteve ainda preservada uma concepção de mundo *orgânica*, ou seja, cada um no seu lugar ainda que de forma desigual, com uma Igreja Católica pré-conciliar a espiritualizar tal padrão desigual (Paiva, 2003), bem distinto das condições necessárias para o status da cidadania moderna; c) igualmente persistiu o *paternalismo* nas relações sociais, que atenuou os padrões de desigualdade (Velho, 1996), imprimindo uma relação de patronagem longe do que se falava acerca da possibilidade de busca de autonomia do indivíduo; d) por último, foi cultivado o *autoritarismo* na esfera pública, resultado da apropriação do público pelo privado, cuja consequência política mais visível foi a formação de um Estado que vai reforçar a concretização de todas as características anteriores (Reis, 1982).

Hierarquia, organicidade, paternalismo, autoritarismo são, portanto, os traços predominantes que vão marcar tanto os espaços de sociabilidade na sua dimensão cultural, quanto na sua dimensão política, gerando um déficit de participação na esfera pública, esfera de poucos e com enorme índice de exclusão, a começar pelas altas taxas de analfabetismo já mencionadas. Falava-se anteriormente também em modernização conservadora e autoritária para definir o padrão complexo de elementos modernos em tensão com tradicionais, resultando na manutenção de uma ordem social pouco porosa à mudança e de base difícil para o exercício da condição universalizada de cidadania. São subtextos construídos no acordo societário injusto e excludente, mas com grande capacidade de produzir o consentimento da população em geral a tais padrões, com um catolicismo pré--conciliar que preconizava a obediência e a aceitação das condições inóspitas de existência com a promessa de vida melhor depois da morte. Além do mais, havia a caridade como o grande vetor para a manutenção e a naturalização das desigualdades.

Esses traços ajudam ainda a entender a construção do mito da democracia racial no tocante à população negra, ideia tão forte que se pode mesmo falar em ideologia, porquanto compartilhada também pelos "homens de cor". As relações paternalistas e hierarquizadas, porém desiguais, trazem efeito perverso na formação dos ex-escravos e dos pobres que viviam na dependência dos senhores rurais. Há um sentimento de inferioridade instalado naqueles que estão em condições subalternas: é o "homem cordial" de Sérgio Buarque, é a "cidadania da dádiva" de que fala Teresa Sales (1994). É ainda a situação precária dos "homens de cor", como analisa Florestan Fernandes (1978, p. 59), a condição em que foram deixados os libertos, sem qualquer política de sua integração na sociedade de classes e: "viram-se privados do substrato material e moral que ampara, estrutura e dá sentido e confere persistência aos esforços criadores dos indivíduos em todas as esferas da vida, inclusive e especialmente na econômica". E na sociabilidade violenta que era então construída, em especial no tocante à população negra, o paternalismo, o autoritarismo nas relações hierárquicas amorteciam os impulsos dos grupos subalternizados.

A democracia racial, construída a partir da década de 1930 com o projeto de nação de Vargas de "uma só raça", encontrou na análise de Gilberto Freyre seu estatuto analítico e acadêmico, pois ele exaltou a harmonia das relações raciais do país no momento em que se construía uma nova ideia de nação. Afinal, não havia o ódio racial existente nas relações raciais entre brancos e negros, como ocorria nos Estados Unidos na mesma época, e a miscigenação brasileira se viu revestida de uma positividade até então negada. Havia ainda brancos pobres para alimentar o mito de que nossa questão era social, e não racial. Embora houvesse formas de mobilização para a identidade negra, como a Frente Negra Brasileira, na década de 1930, ou o Teatro Experimental do Negro (TEN) de Abdias do Nascimento, a partir da década de 1940, elas resultaram em formas fracas de reivindicação, uma vez que a ideologia predominante era da não existência de problema racial no país.[13]

---

[13] A Frente Negra Brasileira tinha caráter assimilacionista, pois o objetivo principal era "educar" a população negra para se integrar na sociedade dos brancos. O Teatro Experimental do Negro, TEN, criado por Abdias do Nascimento em 1941, foi realmente a primeira organização a promover o resgate da cultura negro-africana. Ver Matilde Ribeiro (2014) para uma ótima síntese das organizações e movimentos negros.

A eficácia da democracia racial vale ser ressaltada porque corrobora com tudo o que foi dito anteriormente sobre a perpetuação dos padrões de desigualdade. A população negra representa exemplarmente as formas ambíguas de nossa modernização. Como analisa Carlos Hasenbalg (1979), o "ciclo acumulativo de desvantagens" do processo de exclusão sistemática da população negra passou por alguns mecanismos eficazes, dentre os quais: a) a integração dos mestiços mais claros, o que significava projetos individuais de ascensão social que não trouxe solidariedade em torno da "raça"; b) a existência de parte expressiva da população branca pobre; c) e a inexistência de racismo nas relações paternalistas e de patronagem que eram cultivadas. Dessa forma, os padrões culturais construído estavam alicerçados na ocultação da questão racial.

Houve ainda outra ideia forte para assegurar a aquiescência da população pobre, tanto branca quanto negra: a de que o desenvolvimento do país chegaria para mitigar todos os males, tanto os sociais quanto raciais. Como analisa Elisa Reis (1998), a ideologia desenvolvimentista até a década de 1970 foi componente crucial para a crença de que o desenvolvimento econômico do país, um dia, traria prosperidade para todos. Tal crença somente começou a ser questionada com a crise econômica de 1973 e com o esgotamento das formas repressoras no momento em que a sociedade civil passa a assumir novo papel, um papel de protagonismo para a reivindicação da volta à democracia.

A essa altura começamos a responder à segunda pergunta acerca das possibilidades de ações concertadas ocorridas na segunda metade da década. Foram ações não apenas políticas, que vieram questionar o regime militar na demanda pela redemocratização, mas também na demanda pela redemocratização nas relações sociais. A sociedade civil se organiza e assume papel de protagonista nas demandas que começam a surgir com força na segunda metade da década de 1970: não só as organizações profissionais clássicas (advogados, imprensa, sindicatos, estudantes, academia), mas também organizações não governamentais, movimentos sociais e setores progressistas da Igreja que recuperaram formas de mobilização que eram praticadas antes de 1964. Aqui vai ser dada especial relevância à educação não formal proveniente das Comunidades Eclesiais de Base (CEBs), cujo *ethos* era a criação de espaços nas paróquias para a organização popular de ação sociopolítica. Como ressalta Ivo Lesbaupin (2000), as CEBs se organizavam sob a direção de leigos, eleitos democraticamente. Esse componente democrático foi fundamental em todas as áreas que atuaram, buscando sempre agir na realidade concreta, fruto da influência da pedagogia criada por Paulo Freire antes de 1964, uma prática educativa que poderia ser uma "prática de liberdade" (1989), como era pensado o movimento de educação popular. Vão ser ainda cruciais para vários movimentos que surgem em torno de questões específicas, consolidadas nas diversas pastorais: do negro, da terra, operária, da criança, dos povos indígenas, dentre outras. Assim, no momento em que a esfera pública mais ampla estava ainda sob o controle militar e práticas democráticas ainda estavam por vir, as pastorais vão ser os espaços possíveis de concertação e de reflexão para as futuras ações que se materializariam depois nos movimentos sociais. Pode-se, portanto, concordar com Lesbaupin de que as CEBs foram fundamentais para a redemocratização do país e as pastorais se organizariam na década seguinte em torno de questões específicas na demanda por direitos.[14]

---

[14] Nesse mesmo período outras formas de concertação estavam acontecendo, como o movimento pela anistia, o sindicalismo organizado do ABC, manifestações culturais, mas sairia do escopo da presente análise, pois a ênfase dada aqui está nos processos de formação de uma cultura cívica centrada nas redes da sociedade civil e na educação não formal.

Como defende Ilse Scherer-Warren, o trabalho pastoral baseado na teologia da libertação não foi apenas carregado de grande conteúdo simbólico e de uma mensagem de libertação: "Diferente aqui é o valor dado à luta humana através de movimentos sociais para a realização desta utopia de libertação e não através da dependência da chegada de um Messias" (1996, p. 39). Foi dada a partida para as formas de concertação em redes de movimentos sociais que se tornariam realidade nas duas décadas seguintes. Em um momento de ainda fechamento da esfera pública, foram espaços fundamentais para a organização da ação coletiva nas suas variadas demandas. A consciência acerca da desigualdade estrutural brasileira ganhava corpo nos mais variados espaços associativos: desde as pastorais já destacadas, passando pelo novo sindicalismo do ABC, até organizações não governamentais que começaram a agir em torno de pautas específicas, ou ainda nas associações de bairro que se formavam. É um processo que vai ser analisado no segundo capítulo como de "pedagogia cívica", uma vez que se aprendia à medida que se engajava em associações nos espaços públicos.

Assim, o final da década de 1970 é o momento da emergência de novos espaços da sociedade civil organizada. E é o momento em que surge o Movimento Negro Unificado (MNU), que logra aglutinar várias bandeiras. Em 1978, as várias formas de organização da população negra existentes em vários estados se encontram em São Paulo para a leitura de um manifesto que simbolizou a construção de um *frame* de identidade coletiva: o Grupo Palmares de Porto Alegre, o Centro de Cultura e Arte Negra – Cecan, de São Paulo, a Sociedade de Intercâmbio Brasil-África – Sinba, do Rio de Janeiro, o Instituto de Pesquisas das Culturas Negras – IPCN, do Rio de Janeiro, dentre tantos outros, se juntam nas escadarias do Teatro Municipal de São Paulo. Eram várias as entidades de diversas orientações, mas que lograram se reunir em torno de uma pauta única no

MNU, que se concentrava em três questões principais: a denúncia do racismo, numa quebra do mito da democracia racial, a demanda por direito à educação e pelo direito à justiça. Foi um período de muita discussão sobre o que se pretendia como resultado de tantos movimentos negros, mas a carta de princípios do MNU tem em seu cabeçalho a afirmação da identidade negra, baseada na cor da pele e nos sinais no rosto e no cabelo. Pode-se dizer com Habermas (1989) que os espaços discursivos realizados pelas várias organizações lograram produzir um processo de ação comunicativa que seria fundamental na década seguinte.

Além de aglutinar as várias organizações existentes, o MNU pode ser visto ainda como a quebra do consenso a respeito da ambiguidade de que se falava anteriormente sobre as relações raciais no país. A aquiescência dos negros na crença de que em um futuro distante seus problemas estariam resolvidos, como analisaram Hasenbalg e Florestan a eficácia da democracia racial, chegava a seu fim. A desigualdade brasileira era social *e* racial para os militantes do MNU. Não foi um movimento fácil: a quebra de um consenso arraigado na cultura política brasileira precisou de *tempo* para que o *processo* da *experiência* da subalternidade fosse traduzida em novas *subjetividades* e estas, em formas de luta por reconhecimento, no processo de construção da identidade coletiva dos movimentos negros.[15]

Também logo surgiriam tensões internas no MNU: de um lado, estava o grupo que queria a radicalização do discurso dos mais politizados; de outro, estavam aqueles que tinham a consciência da necessidade de se construir as bases para a

---

[15] Ver o excelente livro organizado por Verena Alberti e Amilcar Araujo Pereira, *Histórias do movimento negro no Brasil*, com depoimentos ao CPDOC da Fundação Getulio Vargas das principais lideranças negras de vários estados brasileiros. É um registro precioso para a compreensão da formação da identidade negra das principais lideranças que se organizaram no MNU.

ação sustentada, como descreve com detalhes Amauri Mendes Pereira (2008).[16] De qualquer forma, esse momento pode ser considerado o ponto de inflexão para a formação dos vários movimentos negros que surgiriam na década seguinte. A ideia de identidade racial estava lançada e o "ser negro" passou a ser a fonte para a subjetivação construída e que encontraria novos caminhos nos espaços públicos que se abriam com a demanda por redemocratização.

Pode-se mesmo dizer que os últimos anos da década de 1970 foram definidores para o que ia acontecer na década seguinte no caminho para o fim da ditadura militar. Houve grande movimentação sindical, simbolizada pelas greves no ABC paulista; houve a Lei da Anistia, trazendo de volta os exilados que ajudaram na reorganização partidária do país; houve papel mais atuante das associações da sociedade civil, tanto ONGs como associações profissionais, que pediam a volta da democracia. Dessa forma, as condições estavam dadas para as dinâmicas sociais que passaram a estar presentes a partir da década seguinte.

---

[16] Em seu livro *Trajetórias e perspectivas do movimento negro brasileiro*, Amauri aponta ainda a importância do apoio da igreja católica nessa época, com a atuação dos agentes de pastorais negros e de protestantes, tanto no nível institucional, quanto no apoio econômico.

CAPÍTULO 2
Década de 1980 – Uma sociedade em movimento

Economistas brasileiros costumam dizer que a década de 1980 foi uma "década perdida", pois houve a combinação perversa entre estagnação econômica e inflação. Mas, para os sociólogos, foi década de grande movimentação social e política, quando 21 anos de regime militar chegaram ao fim. Foi, no entanto, um processo *sui generis*: os mesmos personagens do regime militar atuaram na transição "lenta e gradual", dividindo seu antigo poder político com oposicionistas de outrora e com novos atores que chegavam para formar o arranjo político que se anunciava. A década de 1980 significou ainda um processo virtuoso de várias formas: os partidos se reorganizaram em velhas e novas siglas; houve intensa mobilização popular pelo direito ao voto, materializada na campanha pelas "diretas já" em 1984; associações de bairro, de favelas e de periferia se consolidaram; movimentos sociais ganharam projeção nacional, como os movimentos dos Sem Terra (MST), dos povos indígenas, de mulheres ou dos movimentos negros pautando novos *frames* de ação coletiva; várias organizações não governamentais (ONGs) se afirmaram para vocalizar novos direitos que não passavam somente pela questão de classe; as CEBs continuaram seu processo político-pedagógico de engajamento nas questões sociais; entidades profissionais confluíram naquele momento na demanda por direitos. Em síntese: era uma sociedade que se articulava e se concertava em novas dinâmicas sociais, numa demonstração de revitalização da sociedade civil.

Todas essas dinâmicas sociais vão atuar na Constituinte de 1987-88. Como registra Adriano Pilatti (2008, p. 2), o processo constituinte foi momento fundamental para reflexões e decisões legislativas por parte dos deputados e dos senadores eleitos, tendo um caráter parlamentar histórico: "(...) a atuação e a interferência de grupos de pressão, movimentos sociais, grupos econômicos, órgãos de formação de opinião pública e quaisquer outros atores exógenos, institucionais ou não, passavam pelo filtro parlamentar, seu *ethos* e suas formas". Os constituintes eram parlamentares que haviam sido eleitos em seus estados em 1986, momento em que os partidos políticos de oposição ao regime militar tiveram votação expressiva. As pautas eram diversas e vocalizavam as demandas dos grupos que se formaram tanto em torno das várias demandas reprimidas pelo regime militar, quanto pelas identidades ressignificadas em movimentos sociais, ou ainda por necessidades específicas trazidas com a redemocratização.

Havia otimismo no ar com a democracia prestes a chegar e a certeza de que a ação coletiva era possível. A nova Carta, aprovada em outubro de 1988, traduzia as expectativas por democratização da sociedade e pela possibilidade da efetiva fruição de direitos, com nova ontologia que traduzia a premência de se lidar com as várias formas da desigualdade social brasileira. A visão de mundo que norteou a redação da nova Carta pode ser vista pela maneira como foi tratada a questão da terra e da moradia, pois passou a incluir em ambos os casos o preceito de atentar para sua função social; pode ser vista ainda em outra vertente, na preocupação de que o direito à justiça estivesse mais acessível, com a criação de um Ministério Público agora voltado para os interesses do cidadão. Como bem resume Werneck Vianna (2008, p. 99), havia nos incisos do art. 3º a promessa constitucional de construção de "uma sociedade mais justa e solidária; garantir o desenvolvimento nacional; erradicar a pobreza e a marginalização e reduzir as desigualdades sociais e regionais (...)". Em suma, era a promessa de uma constituição que lutaria contra quaisquer formas de discriminação baseadas em raça, gênero, etnia, cor ou idade.

No tocante à educação, houve intensa mobilização nos estados federativos para a formulação de uma pauta em defesa da educação pública, como registra Cunha (2001) sobre as discussões trazidas pelo Conselho Nacional de Secretários da Educação. Pode-se dizer que foi uma nova edição do debate ocorrido na década de 1930 acerca do ensino público-laico e o privado, na sua maior parte religioso, pois houve grande mobilização pelo ensino público, laico e gratuito. Mas o texto aprovado na Constituinte incluiu, de novo, o ensino religioso nas escolas públicas e recursos públicos para o setor privado.

De qualquer forma, a Constituição de 1988 significou a releitura de várias práticas sociais, trazendo a questão dos direitos humanos e sua efetiva fruição para o centro das discussões. Eram preceitos constitucionais que pediam profundas mudanças na cultura política do país, pois o autoritarismo e o paternalismo, enfatizados no capítulo anterior, passaram a conviver com a agenda de direitos, consubstanciada nos seus vários artigos. Além do mais, tal processo não se deu nos gabinetes daqueles que detinham o poder. A Carta de 1988, definida pelo então presidente da Constituinte, deputado Ulysses Guimarães, como a "constituição cidadã", trazia a prescrição de vários tipos de direitos que eram demandados por setores organizados da sociedade, que haviam atuado intensamente junto aos constituintes para que novas questões fossem transformadas em direitos. Entre esses direitos, estavam incluídos até mesmo os direitos coletivos, que significavam a proteção de grupos como os povos indígenas, os quilombolas, ou, ainda, os direitos ambientais.

A Constituição foi, portanto, a tradução das demandas dos diversos grupos sociais que atuaram junto aos constituintes para a formulação dos princípios constitucionais que contemplassem a defesa dos direitos civis e políticos, novo compromisso no que se refere aos direitos sociais não previstos nas edições anteriores, além da formulação inovadora dos direitos coletivos. Seguindo a classificação de Norberto Bobbio (1990), estavam assegurados os direitos de 1ª geração (direitos civis e políticos), de 2ª geração (direitos sociais nas suas várias dimensões) e de 3ª (direitos coletivos que não visa ao indivíduo, mas sim ao grupo, como os povos indígenas ou quilombolas) e até mesmo os direitos de 4ª geração (direitos intangíveis que se referem aos direitos das futuras gerações, como o meio ambiente). Todas essas dimensões estavam inscritas na versão final da Constituição.

Mas foi também um momento de tensão para a construção da cultura política do país: se, por um lado, houve a participação da sociedade, num movimento de baixo para cima, bem distinto do que foi descrito no capítulo anterior a respeito da cultura política autoritária e excludente construída na nossa história republicana, por outro, as forças conservadoras se mobilizaram e se opuseram fortemente à agenda proposta sobre direitos humanos. Assim, se houve novo dinamismo na esfera pública, quando novos atores entraram em cena e partidos políticos se organizaram como formas representativas dessas demandas, forças conservadoras e autoritárias (as elites que haviam usufruído do acordo desigual de décadas) se ressentiam da proposta de direitos humanos, e deixaram claro que a violação dos mais básicos direitos humanos seguia incólume. As várias formas de violência perpetradas nos espaços públicos traduziam tal tensão: era no campo, em torno da questão fundiária, e era nas cidades, contra pobres, e contra pobres negros, que habitavam as favelas e as periferias das grandes cidades. Como lembra Sérgio Adorno (2008, p. 203), no momento da transição para a democracia, "logo ficou claro para militantes dos direitos humanos que as graves violações desses direitos, em especial, torturas, maus-tratos, associavam, como se fossem destinos inexoráveis, a falta de proteção ao mais elementar dos direitos – direito à vida, a procedência nas classes populares e o pertencimento à etnia negra".[1]

Não se pode, portanto, pensar que a cultura política do país pudesse se transformar, em um passe de mágica, a partir dos preceitos constitucionais. Havia um Brasil profundo que reagia às novas formas de participação e à ideia de direitos substantivos. Afinal, eram os mesmos personagens que em décadas anteriores apoiaram o regime militar na chave da ordem e do arbítrio. Como analisa Leonardo Avritzer (1995), com a Carta de 1988 foi iniciada a convivência de duas culturas políticas: uma anterior, cuja relação entre o Estado e o sistema político se agarrava a práticas antidemocráticas e clientelistas; e a nova, que surgia com o diálogo com atores sociais que assumiam novo protagonismo na esfera pública. A cultura política brasileira fica, portanto, tensionada devido à convivência de visões de mundo tão distintas. A partir daquele momento, a prática parlamentar passou a refletir esses novos arranjos políticos.

Foi, assim, uma década de intensos debates na esfera pública, e novas dinâmicas estavam em construção. A Constituinte de 87-88 representou o espaço discursivo entre as diversas forças sociais, desde aquelas conservadoras que resistiam à onda modernizadora proveniente da sociedade civil até as associações e os partidos que se organizavam para traduzir novas práticas culturais e políticas necessárias para a efetivação de tal mudança. Assim, neste capítulo, resguardando o tema proposto para a análise, serão enfatizados os componentes que trouxeram a nova dimensão de cultura política na redemocratização do país: a) a ideia de *direitos*, que passa a ser o nexo constitutivo de várias ações coletivas e o motor para a deman-

---

[1] Ver a análise de Sérgio Adorno sobre os 20 anos da Constituição. Lembra que na década de 1970 foram criadas numerosas ONGs em defesa dos direitos humanos, além da atuação incansável da Comissão de Justiça e Paz da Arquidiocese de São Paulo sob a liderança firme de D. Paulo Evaristo Arns.

da por mais direitos; b) a *participação social* de setores que até então não tinham tido as condições políticas de se organizar na esfera pública; c) a nova *cultura cívica* que foi construída a partir da possibilidade de maior engajamento dos cidadãos. Porque ao lado da reação de forças conservadoras, a ideia de direitos se materializou na nova Carta e vai pautar várias das questões das próximas décadas. A construção de uma nova cidadania assume, assim, o eixo central da análise que segue.

Construção social da nova cidadania

A ênfase que está sendo dada à fruição de direitos na década de 1980 está diretamente relacionada com a necessidade de reconhecer a desigualdade estrutural brasileira como o cerne da questão social a ser enfrentada e trazê-la para o centro do debate. Afinal, as várias edições das constituições brasileiras desde o nascimento da República já prescreviam que "todos nascem livres e iguais". Assim, quando a ideia de direitos se firma como questão primordial, trazida pela demanda das várias formas associativas que denunciavam todos os déficits para a fruição de direitos, vem como novo desafio: a absoluta necessidade de se assegurar a real possibilidade de sua efetivação. Passa-se, assim, da ideia *formal* dos direitos constitucionais prescritos desde sempre para a luta por direitos *substantivos*.

Tal ideia requer mudanças profundas em várias dimensões: a) na dimensão *política*, com a necessidade de novas leis para a proteção legal dos vários grupos que haviam ficado à margem do acordo social; b) na dimensão *legal*, com o ordenamento jurídico que contemplasse o reconhecimento da igual dignidade para todos os membros da comunidade sociopolítica para a implantação de leis mais justas e redistributivas; c) na *econômica*, com a urgência de políticas públicas que fossem capazes de mitigar os padrões estruturais de desigualdade produzidos até então; d) por último, na dimensão *cultural*, com o entendimento de que a universalidade da ideia de direitos iguais para todos devia vir acompanhada da noção do respeito às diferenças, sejam de classe, de gênero, de etnia, de região, de religião, diferenças essas tanto materiais como imateriais. São dimensões profundamente imbricadas, mas é preciso fazer tal distinção para efeitos analíticos, mas sempre concordando com Evelina Dagnino (1994), que defende que toda luta na dimensão cultural é uma luta também política. Assim, a dimensão política, em seu sentido lato, perpassa todas as outras no que se refere a mudanças propostas por movimentos sociais.

São várias dimensões que conduzem à necessidade de mudança no nível ontológico, vale dizer, a construção de nova visão de mundo que comporte maior *solidariedade* com todos os grupos, *respeito* pelo indivíduo na sua condição fundamental de sujeito de direitos e *reconhecimento* da legitimidade das novas demandas. Assim, a ideia de justiça passa a ser o norte para mudanças efetivas, quando a desigualdade estrutural e a marginalização de grandes grupos da sociedade passam a ser rejeitadas cada vez mais no processo de radicalização da democracia. Esses quatro níveis – o político, o legal, o econômico e o cultural – estão necessariamente imbricados para a realização da ampliação da democracia, num processo de mudança estrutural em um país em que as formas democráticas foram sempre para poucos no projeto de "cidadania" excludente.

A ideia de direitos é, portanto, poderosa, e os princípios constitucionais traduziram a mudança de visão de mundo nas dimensões já elencadas aqui. Mas como podem ser vistas as quatro dimensões na realidade social? A título de exemplo, no nível legal, podem-se mencionar novos esquemas interpretativos (*frames*), como pensado por Goffman (2012), que contemplaram os vários tipos de direitos: os coletivos, com a proteção a povos indígenas e quilombolas; os direitos civis, com a proteção aos indivíduos sujeitos à discriminação, à intolerância ou ainda à violência; e ainda os direitos sociais, com a prometida universalização do direito à saúde, à educação e à justiça, além da visão da terra e moradia na sua função social.[2] Mas tais princípios implicaram, no nível político, que novas leis fossem aprovadas a partir de 1988 para assegurar que tais prescrições constitucionais se transformassem em políticas e regulações efetivas. A dimensão econômica era fundamental para que recursos fossem alocados para a efetivação dos novos direitos, não só em políticas públicas que mitigassem as desigualdades estruturais persistentes, como também para que assegurassem que os princípios constitucionais fossem efetivados. No nível cultural, exigiu o lento processo de formação de nova ontologia do social, num aprendizado que comportassem novas sociabilidades, cujo eixo fundamental era o *respeito* a grupos anteriormente não reconhecidos, o que trouxe tanto pluralismo inusitado nas diversas formas subjetivas de ser quanto novas tensões.

Trazendo essa discussão para o nível analítico, essas dimensões implicaram novos desafios para a interpretação do social e os movimentos sociais em suas várias formas vão ter papel central para tais mudanças. Como analisou Eunice Durham em texto seminal, os movimentos sociais que surgiram na década de 1980 traduziram "novas necessidades" que extrapolavam as interpretações clássicas de organização coletiva em torno da classe e dos partidos. Eram formas de mobilização heterogêneas, oriundas da consciência de determinada carência para a criação interna dos movimentos e da coletividade formada, que passaram a pedir o "reconhecimento da pessoa num plano público e não privado" (1984, p. 28). Para a

---

[2] O conceito de Goffman de *frame* será utilizado ao longo do texto para a compreensão dos novos frames de ação coletiva que são construídos nas ações coletivas. Assim, serão utilizados os termos esquemas interpretativos ou *frames* para identificar esse processo. Para Goffman, a construção dos *frames* se dá a partir da experiência dos indivíduos em interação social.

autora, a categoria de direitos chega como chave explicativa para a compreensão das novas dinâmicas sociais, uma vez que o processo por ela analisado – consciência da necessidade > criação interna coletiva > reivindicação na esfera pública – pode ser traduzido nas várias formas de afirmação de direitos da década de 1980: mulheres, periferias, mães, indígenas, gays, dentre outros: "A transformação de necessidades e carências em *direitos*, que se opera dentro dos movimentos sociais, pode ser vista como um amplo processo de revisão e redefinição do espaço da cidadania" (1984, p. 29). Durham lembra ainda que a ideia de direitos foi importada de constituições estrangeiras, como a americana, e não traduziam demandas efetivas. Assim, a autora ressalta que os movimentos sociais da década de 1980 trazem essa nova agenda de direitos, que é o pressuposto mesmo da formação dos vários movimentos. Isso requer a inevitável mudança dos movimentos na sua relação com o Estado: "Nesse sentido, o confronto com o Estado não é apenas um reconhecimento de sua legitimidade (embora também seja isso), mas uma avaliação dessa legitimidade, que é medida por sua capacidade de respeitar e promover os direitos que a população está se atribuindo" (1984, p. 29).[3]

Assim sendo, a cidadania que se definiu no capítulo anterior como "passiva", dentre outros adjetivos, passa a ser redefinida nos processos de mobilização coletiva da década de 1980, o que trouxe novas formas de participação para a realização dos vários direitos que estavam sendo reivindicados, e que virá com força nas décadas seguintes, como será analisado no próximo capítulo. Houve o processo virtuoso da construção de uma "pedagogia cívica", quando as várias formas de participação foram dando não apenas repertórios para a ação coletiva,

---

[3] A argumentação desenvolvida por Eunice Durham nesse texto, publicado em 1984, guarda ainda grande validade heurística para a compreensão dos movimentos sociais brasileiros atuais.

mas também significaram formatação de esquemas interpretativos (*frames*) que foram necessários para a construção das identidades coletivas que se formaram a partir de então. A título de exemplo, pode-se mencionar a formação dos movimentos feminista e negro na década de 1970 e os movimentos das mulheres negras a partir da década de 1980.

Novas formas de participação

Dizia-se no capítulo anterior que a segunda metade da década de 1970 deu as bases para as mudanças ocorridas na década seguinte.[4] O regime militar termina oficialmente em 1985, com a eleição de Tancredo Neves para a presidência do país, momento trágico, com sua morte logo depois, e a ascensão do vice, José Sarney, político que vinha de um partido que apoiara o regime militar e com muito protagonismo nos governos militares.

Mas o que era novo então? Era o novo *ethos* de dinâmicas sociais vistas na atuação dos vários movimentos sociais, das organizações funcionais, das associações locais nos bairros e favelas, de ONGs que pautavam a esfera pública com demandas de proteção ambiental e das minorias, tudo isso aliado a um novo sindicalismo que despontava em São Paulo. Cabe enfatizar que a atuação das diversas pastorais – da terra, do negro, do operário, da criança e juventude, do índio, dos presos, ou ainda da mulher marginalizada, dentre tantas outras – significou a criação de espaços públicos onde atores se reuniam, compartilhavam experiências e construíam a consciên-

---

[4] Não vai ser analisada aqui a reação conservadora de setores militares, mas a bomba explodida no Riocentro no dia 30 de abril de 1981 e os ataques às bancas de jornal e à Ordem dos Advogados do Brasil são exemplos do desconforto daqueles militares que não se conformavam com a distensão então em curso. Mas o incidente do Riocentro pode ser visto também como a pá de cal para que a redemocratização seguisse seu lento caminho.

cia de que faziam parte de tantos "outros". Foi mesmo a gênese dos vários movimentos sociais que surgiram a partir de então, quando a sociedade civil passa a ter protagonismo inovador, sendo crucial para as propostas de mudança gestadas ao longo de toda a década.

Foi um momento de grandes desafios: grupos se engajaram na luta por direitos, e *justiça* passa a ser a palavra-chave dos esquemas interpretativos que foram construídos então para a tradução das novas demandas e definições de identidade. Sidney Tarrow (1998) ajuda a entender esse momento, quando mudanças nos constrangimentos políticos passados dão vez ao surgimento de "novas oportunidades políticas" para a realização de reivindicações até então impensadas. É ainda o momento em que a identidade coletiva de grupos até então não organizados em associações solidárias torna-se a via para as demandas por políticas reivindicatórias. Qual será, portanto, o caminho inovador nesse processo de mudança na esfera pública? É o *ator social* que surge em novas *identidades coletivas*, concebendo *repertórios* de ação que levem o movimento para a atuação nos espaços públicos. Para isso, é preciso a construção dos novos *frames de ação coletiva* que sejam capazes de traduzir suas reivindicações, e que signifiquem *ruptura* com práticas anteriores para a formação de *redes de solidariedade,* tanto internas quanto externas aos movimentos, para sua *legitimação* na esfera pública.

Para se analisar tal processo, a conceituação teórica dos novos movimentos sociais é fundamental. A democracia que chegava trazia demandas tanto focadas no aspecto econômico, ou seja, na redistribuição, quanto na ênfase no resgate cultural de grupos não reconhecidos: de um lado, estavam as questões oriundas das desigualdades estruturais a demandar políticas públicas que alcançassem os grupos excluídos, de outro, estavam os setores que se mobilizavam na demanda dos mais variados tipos de direitos baseados na construção de novas identidades; de um lado, o Brasil de todos os déficits sociais no que se refere às condições materiais perversas; de outro, o país das novas identidades em torno de pautas com viés de valorização cultural. Na chave analítica de Nancy Fraser (1997), os atores chegaram pedindo tanto políticas de *redistribuição*, quanto políticas de *reconhecimento*. Apesar de as demandas serem feitas em um quadro econômico muito recessivo ao longo da década de 1980, eram demandas dos grupos organizados que pediam novos marcos legais, além do reconhecimento tanto dos déficits que pudessem ser traduzidos em novas políticas públicas, quanto de identidades que se afirmavam. Esse processo trouxe à tona tensões e novos conflitos sentidos até a década atual.

Tenho me referido à "esfera pública", que considero categoria fundamental para se entender os processos de modernização do mundo ocidental. A análise seminal de Habermas (1984) sobre a "mudança estrutural da esfera pública" ocorrida desde o século XVIII teve como objetivo entender o momento em que pessoas (burguesas) se reúnem em círculos literários ou cafés em condição de autonomia em relação ao Estado e ao mercado. Foram as primeiras formas de sociedade civil de pessoas privadas reunidas no espaço público para a discussão de questões antes consideradas da esfera privada, onde as diferenças de status ficariam temporariamente suspensas. A mesma ideia de esfera pública é concebida por Hannah Arendt em *A condição humana*, que ressalta a importância da *igualdade mínima* como condição para a participação na esfera pública. E se a esfera pública burguesa analisada por Habermas era para grupo seleto, houve um processo contínuo de ampliação de direitos e de condições para a participação na esfera pública com demandas de grupos que se organizavam em formas associativas. O mínimo de paridade que os cidadãos devem ter para sua possível participação é, na realidade, condição da própria democracia.⁵ Se pensarmos que a fruição dos direitos, tanto na chave da liberdade quanto da igualdade, é um dos três princípios estruturantes das democracias modernas que precisa vir junto com a representação política plural e com as instituições do Estado-nação, percebemos a importância da luta por direitos para que o processo de redemocratização seguisse seu curso.

Quando Habermas defendeu, trinta anos mais tarde, que a esfera pública precisa "do espírito solidário das tradições culturais e padrões de socialização, da cultura política e de uma população acostumada à liberdade" (1999, p. 453), enfatiza a importância da construção social de práticas alargadas de cultura política. Certamente Habermas não está descrevendo o padrão cultural brasileiro, nem tampouco as sociedades ocidentais como um todo, pois essa esfera pública era do homem, do homem branco, do homem branco com renda, mas é importante categoria para interpretar as formas de luta que surgiram nesse mundo excludente e que significaram transformações estruturantes. Está sendo defendido, portanto, que as *redes de associação* que se formaram em lutas em torno de identidades construídas e na tomada de consciência de necessidades materiais podem ser compreendidas na chave interpretativa de Habermas. Rejeita-se, assim, a divisão entre ações coletivas em torno de "políticas de identidade" contraposta a demandas em torno de classe. Como lembra Fraser, e como mostram os inúmeros movimentos surgidos, a divisão é puramente analítica para se compreender quais fatores estão mais presentes num grupo e no outro.

---

⁵ Ambos os autores escreviam no início da década de 1960 e vão mostrar como a esfera pública se desenvolve na "esfera social", quando o Estado assume funções de proteção de bem-estar social nas sociedades de capitalismo avançado que pudessem assegurar o mínimo de igualdade. Também escreviam com ceticismo sobre a sociedade de massas do pós-guerra, que transformara cidadãos em consumidores.

Porque para o cenário brasileiro dos anos 1980 estavam sendo dadas as condições para que arranjos democráticos pudessem ser realizados, numa expansão constante para que direitos contemplados na nova Constituição pudessem ser efetivados. Para isso, foi fundamental o engajamento em ONGs, coletivos e movimentos sociais que trouxeram para os espaços públicos que então se abriam questões antes impossíveis de serem tratadas em público. Foi um movimento dual: não só a esfera pública brasileira se democratizava lentamente para a maior redemocratização do país com questões que foram suspensas com o fechamento político, como a questão fundiária e os salários indignos, como também novas questões foram problematizadas nessa esfera, tais como a subalternidade das mulheres e dos povos indígenas, o racismo estrutural nas relações sociais, além da questão ambiental que passou a questionar o imaginário social que acreditava que os recursos naturais brasileiros eram infinitos. De qualquer forma, ambas as reivindicações – a cultural e a econômica – trazem a questão apontada por Habermas e Arendt, sobre o *status* da igualdade mínima como condição para a participação na esfera pública.

Mas como se dá esse engajamento? É um movimento natural quando surgem as oportunidades políticas de que falaram Sidney Tarrow e Charles Tilly? Certamente que não. Foi o próprio Habermas (1989) quem ofereceu ainda outra importante chave analítica para a compreensão do processo inicial de formação de coletividades que surgem com novas pautas. Na década de 1980, ele elaborou a distinção entre *sistema* e *mundo da vida* para se compreender os espaços discursivos que *podem* ser criados no processo que chamou de "agir comunicativo". Ao fazer tal distinção, vai situar no mundo da vida o potencial de novas formas de associativismo da sociedade civil, que tem três componentes básicos: cultura, sociedade e personalidade. Essas três dimensões vão integrar, respectivamente, os indivíduos em processos reprodutivos de transmissão cultural, de integração social e de socialização. É no mundo da vida, portanto, no nível das relações primárias de sociabilidade na família, vizinhança, nas igrejas, associações e nas escolas, que as relações de associação podem ser formadas.[6]

Jean Cohen e Andrew Arato (2000) vão desenvolver ainda mais o conceito de Habermas: enfatizam que o *mundo da vida* ajuda a entender melhor o que se entende por sociedade civil nas sociedades contemporâneas. Desenvolvem as três dimensões de Habermas, apontando que a emergência de instituições especializadas na reprodução de tradições (cultura), na solidariedade (sociedade) e na identidade (personalidade) abre caminho tanto para a *institucionalização* do mundo da vida, vale dizer, quando o privado não só se torna publicamente relevante em formas associativas, mas também para o momento de *descolonização* desse mundo, quando, num processo de novas relações de associação, ele não passa mais a ser aceito sem discussão, sendo o motor da ação coletiva. Ainda segundo Cohen e Arato, a perspectiva dual de Habermas entre sistema e mundo da vida permite à teoria social contemporânea pensar o potencial de racionalização contido na modernidade e que faz da sociedade civil *lócus* fundamental para a emergência de movimentos sociais contemporâneos. São as redes de associação, apontam os autores, que fazem Habermas desenvolver o modelo discursivo de esfera pública em que os subsistemas surgem como formas de diferenciação verificada a partir das concertações coletivas que podem se produzir aí. A possibilidade de novas concertações representou, para Habermas, o antídoto ao seu pessimismo inicial sobre a possibili-

---

[6] O conceito de "mundo da vida" nos ajuda a entender as dinâmicas sociais que podem nascer nos processos de interação social como instâncias de contestação, o que será analisado mais adiante com a teoria do reconhecimento de Axel Honneth.

dade de emancipação dos indivíduos na modernidade. Assim, para que tal processo possa ser realizado, defendem Cohen e Arato, os *direitos fundamentais* são o referencial para o potencial das formas de organização da sociedade civil e ampliação democrática.[7]

A força explicativa do *mundo da vida* nos permite ver a instância em que a esfera pública se torna esse espaço de formas de concertação no âmbito da sociedade civil, que são racionalizadas e institucionalizadas, quando a ação dos indivíduos concertados assume lugar de preeminência, ocupando lugar junto às formas clássicas de associação. A análise de Eunice Durham, já mostrada aqui, guarda bastante afinidade com a sofisticada elaboração teórica de Habermas e de Cohen e Arato. Se para estes a ideia de direitos é o elemento fundante para novas formas de organização da sociedade civil, para Durham, analisando a realidade brasileira, os direitos vêm num estágio posterior, a partir da carência e da consciência desta carência que se define a coletividade possível para o surgimento do movimento social.

Tal processo vem do sentimento interno da igualdade entre seus participantes, criando uma comunidade de iguais que pede reconhecimento no plano público. Sem usar a chave interpretativa de Habermas, Durham enfatiza a passagem da pessoa da esfera privada para a pública, quando vivem "essa experiência como um enriquecimento pessoal, uma intensificação de sua qualidade de *sujeitos*. Nos movimentos as pessoas se conhecem, ampliam sua sociabilidade e 'aprendem a falar', isto é, tornam-se sujeitos reflexivos capazes de formular ques-

---

[7] Esta é uma discussão fascinante que foge ao escopo da presente análise. Ver Habermas, *The theory of communicative action,* vol. II e Cohen e Arato (1997), cuja análise da sociedade civil, nos subsistemas habermasiano, explica a importância dos públicos democráticos com a maior democratização do Estado. (p. 137). Certamente os autores ressaltam a importância de não se associar automaticamente as organizações da sociedade civil a espaços necessariamente virtuosos.

tões novas sobre sua experiência de vida" (1984, p. 28). Traduzindo para a análise de Habermas, é o momento em que o mundo da vida deixa de ser aceito sem discussão e os indivíduos podem assumir sua condição de atores sociais num processo de subjetivação crucial em tal processo. Eunice Durham fala da experiência, de reflexividade, de aprendizado social e de ação coletiva. Fala ainda da emergência de novo ator no momento em que novas pautas traduzem esses conflitos.

Mas quando tal processo se realiza surge o *conflito*, questão central enfatizada pelos estudiosos dos movimentos sociais. Alain Touraine é o sociólogo por excelência a fazer sua trajetória acadêmica em torno da questão do conflito para a compreensão dos novos *atores* de movimentos sociais que surgiram a partir da década de 1960 na França. Touraine vê o conflito "como parte das sociedades cada vez mais complexas, fragmentadas por um grande número de conflitos que surge, desenvolve-se e é resolvido independentemente uns dos outros" (2007, p. 171). E pode-se dizer que os conflitos são a tradução da emergência do *sujeito*, antídoto em face de um mundo cada vez mais centrado nos ditames econômicos do mundo globalizado.

Para Touraine, o conflito nas sociedades complexas traduz a importância do social e o que ele pode significar de padrões de mudança cultural, o que o torna importante categoria analítica.[8] Ele o vê como crucial para a emergência do *sujeito*. É o momento em que os indivíduos têm condições de agir *reflexivamente* na construção de sua subjetividade em formas solidárias para a possível construção de ação concertada que vá questionar os padrões socioculturais existentes. Foi o que ele

---

[8] O percurso teórico de Touraine mostra como o autor foi desenvolvendo a ideia de conflito em seus mais de 50 anos de análises sobre movimentos sociais. Se inicialmente ele o via na chave das classes sociais, desde o final da década de 1960 ele o viu como crucial para a emergência do sujeito que vai contestar a tendência homogeneizante da modernidade.

analisou nos movimentos feminista, estudantil e ecológico. Mas, ressalta o autor, o conflito deve estar sempre relacionado às possibilidades de articulação para que se transforme em movimento social. Ressalta que "o movimento social é mais completo do que um conflito dado" (2007, p. 172), uma vez que ele só pode ser definido pelos atores que o constrói, que se associam em torno de determinado conflito e se identificam e tentam reconstruir os recursos culturais valorizados pela sociedade mais ampla. Nesse longo percurso, percebe-se que o fator cultural vai ser importante elemento para qualquer mudança.

Outro autor que vai trazer o conflito como categoria importante é Alberto Melucci, que o traz para o centro da análise dos movimentos sociais. Para ele, os movimentos sociais não significam uma resposta a uma crise, mas sim a expressão de um conflito que é levado para "(...) além do sistema de relações sociais a que a ação se destina (rompe as regras do jogo, propõe objetivos não negociáveis, coloca em questão a legitimidade do poder, e assim por diante)" (2001, p. 35). Ao enfatizar a importância da diferenciação analítica entre as dimensões econômicas, cultural (simbólica e relacional), política e social, aponta a proposta de *ruptura* com modelos existentes para um projeto de mudança social. Cabe ao analista identificar o peso de cada dimensão. Vai propor analisar esse processo como teoria sociológica da produção social, que comporta necessariamente uma teoria da identidade para a possibilidade de ação coletiva. Para o autor, identidade coletiva, portanto, é construída na produção social. Tanto Melucci quanto Touraine defendem uma "sociologia da ação" em que o conflito consiga se transformar na base da construção do ator social para a produção da identidade coletiva.

Trazendo Touraine e Melucci para a análise dos movimentos sociais brasileiros que surgem na década de 1980, eles vão significar a "descolonização do mundo da vida" no que se refere à raça, ao gênero, ao direito dos povos indígenas, ao direito à terra ou à moradia, entre tantas outras questões que passam a ser questionadas. Como já visto aqui, a luta pelos vários tipos de direitos assume nova dimensão nas dinâmicas sociais que então se organizavam. A título de exemplo, pode-se dizer que os movimentos negros que se organizam na década de 1980 colocam o conflito em torno da identidade racial no centro de sua ação: questionam a ideia predominante da harmonia racial nas relações sociais em novos esquemas interpretativos e com isso o trazem para o centro de sua ação coletiva ao questionar a desigualdade racial, apontando-a como elemento estruturante da formação social brasileira. Nesse processo, os governos estaduais eleitos a partir de 1982 foram importantes espaços para as primeiras ações na relação dos movimentos negros com o Estado.[9]

Mas cabe a pergunta: a teoria social produzida no "norte" sobre os novos movimentos sociais trazida aqui guarda validade heurística para a análise dos movimentos que surgiram com a redemocratização do país? Vai ser defendido que sim, uma vez que o processo de redemocratização traz para a esfera pública questões não antes colocadas, feitas por grupos que se organizaram em novas identidades coletivas, construindo-os *frames* de ação coletiva que traduzissem novas visões de mundo, realizados de forma relacional, e com a reflexividade necessária para o surgimento de novos atores. Isso significou a emergência de padrões inovadores de cultura cívica. Foi a emergência de nova cultura cívica no país para vários movimentos sociais.

---

[9] Os vários movimentos negros se consolidaram na década de 80 por canais diversos: com as eleições de 1982 foram eleitos governadores que viam com bons olhos a criação de conselhos, como o de São Paulo, como lembra Ivair Alves dos Santos (Alberti e Pereira, 2007, p. 215) na ocasião da eleição de Franco Motoro para o governo de São Paulo.

Engajamento e cultura cívica

No capítulo anterior foi ressaltada a ausência de participação do povo brasileiro nas questões centrais em curso desde o nascimento da República. Foi apontada a questão da falta de acesso à educação formal como fator crucial e do qual falaremos mais adiante. No momento, é preciso enfatizar que as novas formas de participação já descritas aqui também significaram não só essa mudança estrutural na esfera pública, mas também mudança na cultura cívica construída até então. Vai ser enfatizada que a redemocratização do país trouxe um leque de possibilidades de engajamento em torno de questões sociais específicas, com protagonismo revigorado da sociedade civil organizada. Estava, assim, destampada a panela de pressão de vinte e um anos de controle social com a ditadura militar.

Quando se fala em "cultura cívica", logo vem à mente a análise feita por Tocqueville (1987), que, na primeira metade do século XIX, se maravilhou com o poder de associação e participação dos norte-americanos nas questões da comunidade. Analisou esse espírito associativo como o "interesse bem-compreendido", ao ver que os americanos se organizavam em associações com objetivos e interesses comuns. Mas o que Tocqueville quis dizer com interesse bem compreendido? Era um sentimento em que os indivíduos abdicavam de alguns interesses pessoais em nome da construção de um acordo social mais amplo. A doutrina do interesse bem-compreendido era, para o autor, fundamental para proteger o "homem de seu tempo" a não se encerrar em si mesmo, ou seja, ela mitigaria o individualismo moderno e a ideia de liberdade com o "inexorável gosto pela igualdade", que ele via presente no espírito americano. Para isso, ainda segundo o autor, era preciso que a *educação* pudesse tirar esse indivíduo de si mesmo, afastá-lo dos excessos a que pode chegar seu egoísmo, daí ele também falar em "egoísmo esclarecido", quando a racionalidade na associação de indivíduos é alcançada.

A doutrina do interesse bem-compreendido está intrinsecamente relacionada ao *interesse*, uma das bases das democracias modernas em geral, e da sociedade americana em particular. Ela gerou um *ethos* associativo inusitado até então. Ao descrever os *mores*, os costumes, a cultura e as práticas cotidianas que eram construídos em um contexto democrático tão distinto de seu próprio país (a França de Luis Bonaparte), Tocqueville tentava compreender como os "hábitos do coração", vale dizer, essas práticas cívicas incorporadas na visão de mundo dos americanos (do Norte, é bom lembrar...) formavam o caráter do americano que ele então observava. Registrou a sociabilidade das comunidades associativas, uma ética religiosa necessária para a construção desse novo *ethos* e o forte engajamento na comunidade, fatores que, para o autor, formaram as bases para a participação em uma comunidade cívica mais ampla. Ressaltou ainda o valor da igualdade que via nas práticas democráticas americanas, o que se tornava um caminho possível para a construção da cultura cívica.

Mas pode-se perguntar como Tocqueville ajuda na discussão feita nesse livro. Afinal, ele escreveu há muito tempo, na primeira metade do século XIX, e vários autores têm registrado a perda desse sentimento de ser membro de uma comunidade cívica na sociedade americana contemporânea, como bem analisou mais recentemente Robert Bellah (1996).[10] A sociedade americana se tornou mais diversa desde então, com várias correntes migratórias e minorias históricas (com a persistência da segregação racial), e foi palco de alguns dos mais

---

[10] Em *Habits of the Heart*, Bellah analisa a crise da comunidade cívica americana e indica a desigualdade crescente entre os americanos uma das principais consequências da perda da consciência cívica. Putnam usa a imagem contundente de "jogar boliche sozinho" (*bowling alone*) para mostrar como o individualismo "não-esclarecido" tem predominado na sociedade americana.

importantes movimentos sociais do século XX a partir da década de 1960, como os movimentos dos direitos civis, o pacifista e o feminista, que mostram a vitalidade da sociedade civil em se concertar em novas demandas. Ao mesmo tempo, é uma sociedade que tem sofrido com o crescente individualismo desde a década de 1980 e formas contundentes de desigualdade social. De qualquer forma, sua capacidade de mobilização continua como forma de resistência à visão de mundo política que tem sustentado o arranjo neoliberal predominante nas três últimas décadas: não só vários movimentos se organizam nos espaços públicos, mas também a participação nas redes de associação no nível micro se mantém.

Será, portanto, defendido que o conceito de *cultura cívica* tem grande validade heurística para a interpretação das mudanças no cenário brasileiro de redemocratização, com a necessidade de serem construídos novos consensos no arranjo democrático que mitigassem as formas variadas de sua desigualdade estrutural. Se pensarmos ainda na definição de Almond & Verba, que veem a cultura cívica como o "consenso substantivo da legitimidade das instituições políticas (...), uma generalizada tolerância de uma pluralidade de interesses e crenças na sua possibilidade, e um amplo sentido disseminado de competência política e confiança mútua na cidadania" (1989, p. 4), pode-se sugerir que na década de 1980 tem início novo processo em construção no caminho para a realização de um acordo social mais justo.[11]

Qual é a principal contribuição dos autores para a presente discussão? Está implícito que a crescente complexificação das sociedades modernas requer *consenso* para que o acordo socie-

---

[11] Ver *Civic Culture Revisited*, (tradução minha). Nesse mesmo livro, vários autores analisam o conceito cunhado pelos autores. A principal crítica é a referência dos autores a um determinado tipo de sociedade: a sociedade inglesa, reificando uma esfera pública com pouca diversidade e mínima participação das mulheres naquele momento.

tário mais amplo seja possível, *confiança* nas instituições aí construídas, mesmo que seja para pedido de mudança, e *tolerância* para que a diferença seja reconhecida. São sentimentos que devem estar presentes para que se alcance um padrão mínimo de cultura cívica, quando, ao mesmo tempo que se chega a um acordo societário legitimado por um consenso mais amplo, este pode ser questionado sempre que novos *frames* de ação coletiva sejam construídos. É um momento dual, uma vez que está implícita não só a crença num acordo mínimo de confiança e expectativa que os cidadãos estarão então em condições de usufruir, mas também a possibilidade de engajamento e a potencialidade de novas reivindicações que tornam a sociedade cada vez mais diversa. Significa, sem dúvida, enorme desafio em um mundo cada vez mais desigual e com crescente perda das formas solidárias anteriores.

Outro autor que traz aporte valioso para a discussão sobre cultura cívica é Robert Putnam (1996), que faz uma discussão teórica sobre duas regiões da Itália que tiveram programas regionais idênticos na década de 70 e que vinte anos mais tarde já apresentavam realidades bem distintas.[12] Nas regiões mais modernas e dinâmicas da Itália constatou-se maior engajamento cívico. E como seria nas regiões "não-cívicas"? A vida pública se organiza aí hierarquicamente, o conceito do cidadão é deformado e a participação política é baseada na dependência e ambição pessoal, a coisa pública não diz respeito a cada cidadão (é para os chefões), a corrupção é a norma, e as leis são feitas para serem desobedecidas. E Putnam chegou à conclusão de que Tocqueville tinha razão: diante de uma sociedade civil vigorosa, o governo democrático se fortalece em vez de se enfraquecer. Ou seja, é a sociedade civil que pode

---

[12] Putnam observou que a vida na Itália tradicional é caracterizada pela hierarquia e exploração, e não pela solidariedade, e concordou com Banfield, sociólogo americano que analisou Montegrano, no sul da Itália na década de 1950, quando constatou que aí prevalecia desconfiança nas relações impessoais.

promover reflexões, reivindicações e mudanças em governos democráticos. Assim, o autor fala em *capital social*, vale dizer, o estoque de confiança e cooperação espontânea existente em cada comunidade.[13]

E como o capital social de Putnam ajuda na discussão empreendida aqui? Trazendo a discussão para a realidade brasileira, Elisa Reis (1998) vai mostrar como a cultura cívica brasileira guarda afinidade eletiva com o sul da Itália de Montegrano, cidade analisada por Banfield. Usando a mesma chave analítica desse autor, ela mostra como os padrões estruturais da desigualdade brasileira são tão abissais que gerou um "familismo amoral" nas relações sociais, pois são construídos mundos à parte, não havendo a possibilidade de confiança recíproca e de integração mínima em torno da sociedade mais ampla. Mostra ainda como a cultura política brasileira é marcada pela estreita relação da sociedade civil com o Estado, como a ideia do desenvolvimento ocorrido entre as décadas de 1950 e 1970 reforçou a crença de que haveria, um dia, maior integração social (o que foi interrompido com a crise a partir de 1973), e como a solidariedade está relacionada à noção cristã de "bem".

Ao analisar a década de 1990, Reis chama a atenção para a dificuldade de se alcançar a solidariedade cívica, uma vez que os espaços das comunidades (tanto ricas quanto pobres) ficam limitados em si mesmos, onde as pessoas se refugiam nas suas redes privadas de relações, numa versão do "familismo amoral" à brasileira, corroborando para a ampliação das distâncias socais. E conclui: "a noção de familismo amoral, elaborada por Banfield há quatro décadas, ainda pode ter utilidade na refle-

---

[13] Essa é uma discussão complexa. Ver capítulo 6 do livro *Comunidade e democracia*, em que Putnam faz uma extensa discussão do capital social baseado no conceito criado por Coleman. Para este, a confiança social pode vir de duas fontes conexas: as regras de reciprocidade e os sistemas de participação cívica. Estas regras são construídas pelo condicionamento e socialização de um lado, e por sanções, de outro.

xão sobre os problemas da subjetividade social e da construção da identidade coletiva, pois chama a atenção para um certo tipo de contração da moral que nega a noção universalizante da solidariedade" (1998, p. 134).

Mas será que o acordo societário brasileiro está fadado a uma profecia autocumprida de fracasso? Está sendo defendido que as mobilizações da sociedade civil na luta por direitos e reconhecimento, que são o cerne dos movimentos sociais desde o final da década de 1970, podem representar novo civismo em termos de engajamento e participação nos espaços públicos, podendo-se falar mesmo de uma "pedagogia cívica" em construção. A ideia da *pedagogia cívica* não precisa estar relacionada nem à existência de uma cultura escolar consolidada, nem ao clássico conceito de civismo, que se supõe estar presente na cultura política das sociedades com forte engajamento da sociedade civil, como já visto aqui. Parte-se da hipótese de que a pedagogia cívica está fortemente imbricada nos processos de participação social e traduz um *aprendizado no processo* porque, independentemente da educação e da cultura política existentes na tradição do país, o engajamento em práticas associativas, seja nos movimentos sociais, seja nas associações civis, pode, em si mesmo, significar pedagogias alternativas para a participação cívica e para o exercício da cidadania. Maria da Gloria Gohn (2008) analisou cuidadosamente as formas de educação não formal, em especial a partir da década de 1970. É um processo de especial relevância na redemocratização da esfera pública brasileira, quando a educação deve ser entendida no seu sentido mais ampliado nas formas de aprendizado social que significam o engajamento em movimentos sociais.

No capítulo anterior foi enfatizada a premissa de que a educação formal é condição essencial para a possibilidade efetiva da realização dos direitos. Jean Leca (1995) apontou o acesso à educação como condição mesma para que os indivíduos pudessem adquirir um "mapa mental" para o exercício da cidadania. Em todas as análises sobre a importância da educação, esta é vista como condição para que os direitos individuais ou civis, dentre os quais as várias liberdades individuais, pudessem ser usufruídos por esses sujeitos cognoscentes. Este foi um longo processo iniciado com a ruptura com o modelo de organização tradicional, que fez com que o indivíduo passasse a ser o elemento fundante nos novos acordos societários, como bem analisou Dumont (1993) acerca do surgimento do individualismo na modernidade. Para este autor, é o momento em que o indivíduo passou a "atuar no mundo", resultado das várias rupturas que levou a uma concepção revolucionária do acordo social.[14]

Há grande convergência acerca do papel fundamental que foi a universalização da educação nas sociedades ocidentais modernas para que tal ruptura se realizasse, como visto no capítulo anterior. Ela possibilitou a efetivação da percepção do indivíduo portador de direitos, direitos estes ligados a seu novo estatuto, de portador de uma liberdade negativa, fundamental para o exercício de sua autonomia. Entre as suas liberdades individuais, estão o direito à informação, à liberdade religiosa, à justiça, que vão levar a outro momento, que é sua liberdade de associação e de direito ao voto, quando se conquistaram gradualmente os direitos políticos. E a educação perpassa essas liberdades como o requisito para se atingir tal autonomia, como defendia Marshall. De uma perspectiva bem distinta, Gramsci (1985) também vai falar do papel da escola e da sociedade civil não só como mantenedores da hegemonia de classe, mas também como o lugar em que se organizam

---

[14] Para Dumont, há três grandes rupturas que vão definir a modernidade: a religiosa com a Reforma, a filosófica, com uma nova ontologia do indivíduo portador de direitos, e a política, com as Revoluções Francesa e Americana.

formas de resistência no processo dialético sempre presente nas sociedades modernas.

Defende-se, assim, a condição emancipadora da educação na esteira preconizada por Paulo Freire. Como lembra Edgar Morin (2003), a universalização do ensino médio depois da Segunda Guerra Mundial, em países como a França, Inglaterra e Alemanha, foi fator preponderante para os vários movimentos de juventude que surgiram na década de 60. Pode-se mesmo dizer que a educação e a ideia de direitos passaram a ser uma equação virtuosa nas democracias modernas para o constante alargamento da esfera pública, possibilitando que sujeitos cognoscentes lograssem se concertar em movimentos sociais e associações com demandas específicas, trazendo questões para a esfera pública no processo de descolonização do mundo da vida.

Em um país de tantos déficits como o Brasil, vai ser explorada a relação entre o processo de redemocratização já descrito aqui e a nova pedagogia cívica em curso no engajamento de atores nos movimentos sociais. Como defendeu McAdam (1999), o movimento social é uma interação entre grupos organizados e o ambiente sociopolítico que se tenta mudar. Surge o que o autor chama de "processo de liberação cognitiva", processo presente no engajamento em movimentos de ação coletiva. Vale dizer, surge o *aprendizado no processo* defendido aqui, uma vez que há a mudança na visão de mundo daqueles que se engajam em movimentos sociais, como vai ser exemplificado mais adiante com movimentos sociais específicos. Ainda que o Brasil não tenha resolvido seus históricos déficits educacionais (a universalização do ensino fundamental veio combinada com sua precarização), a redemocratização do país trouxe alternativas pedagógicas no processo de engajamento em movimentos sociais ou associações da sociedade civil.

E como tal processo pode ser pensado em um país que foi descrito como apático na sua reivindicação de direitos, na análise de José Murilo, ou ainda que há ausência dele, em um "civismo predatório", como registrou Wanderley Guilherme? Estará em curso uma mudança no padrão da cultura política brasileira ou seguimos condenados aos mesmos males que persistem no acordo societário desde sempre? Parte-se da hipótese de que o processo de redemocratização brasileiro trouxe mudanças significativas que são comprovadas em pesquisas empíricas. Também é preciso lembrar que o déficit de cultura cívica passado não pode ser tratado como um fator genético, como bem adverte Wanderley Guilherme dos Santos, ao rejeitar as análises da formação de nossa cultura política do jeitinho e da cordialidade como "o caráter nacional". Para o autor, a cultura cívica de um país, ainda que demande uma estabilidade, está sujeita às "oscilações e, às vezes, substanciais transformações, obrigando assim que as premissas das políticas do governo sejam alteradas" (1993, p. 105). E são exatamente essas oscilações, mais presentes na abertura democrática com o questionamento de um acordo societário excludente, que representam o momento em que novo civismo possa estar em curso. É possível então surgir um protagonismo renovado para a sociedade civil, pois, como lembra Avritzer (1995) apoiando-se em Habermas, para a democratização plena é preciso que as instituições do Estado sejam cada vez mais limitadas por uma sociedade civil reivindicadora de cidadania.

Defende-se ainda a ideia de que este é um processo lento e que leva tempo para tais práticas serem alcançadas. Tal aposta vai estar relacionada com a questão do déficit da educação pública brasileira, tão relacionada ao processo de construção da cidadania como ferramenta essencial para as reais condições de uma cidadania efetiva e como requisito para a possibilidade de participação na esfera pública e para novas pedagogias cívicas. Dessa forma, trata-se de um processo dialético, no sentido dado por Gramsci, com uma esfera pública mais democrática, que *pode* vir a ser a arena das inúmeras reivindicações dos déficits já falados aqui. É preciso ressaltar, contudo, que não se está apostando que esses novos espaços discursivos sejam o lócus de virtuosidade, uma vez que práticas de uma cultura política tradicional coexistem com outras que emergem. Mas os espaços discursivos trazem, sem dúvida, condições essenciais para se lograr maior participação cívica em contextos específicos.

Quando Maria Alice Rezende de Carvalho (2002) analisa os déficits de cultura cívica do Brasil, lembra que o processo de redemocratização trouxe novos sujeitos coletivos que provocaram transformações na cultura política existente. Assim, uma interpretação de falta de cultura cívica como um mal genético não traz referencial teórico para interpretar as mudanças estruturais que estão em curso na esfera pública brasileira. A autora enfatiza que as análises sociológicas devem atentar para a dimensão da *cultura*, que impõe novos desafios à teoria democrática contemporânea com a emergência dos novos atores coletivos, como analisado anteriormente com Alain Touraine. Essa dimensão cultural, associada ao que já se enfatizou aqui sobre a importância do *político*, é uma combinação necessária para a compreensão da pedagogia cívica em curso em vários movimentos e associações para a realização da cultura política inovadora. Foi o que aconteceu com o Movimento dos Sem Terra a partir da década de 1980, por exemplo, e foi o processo dos vários movimentos negros então existentes, como analisou Nilma Lino Gomes (2017) os saberes construídos pelos movimentos negros a partir de suas lutas por emancipação.

Voltando à ideia da pedagogia cívica, esta pode se realizar quando há maior movimento associativo de atores da sociedade civil, enfatizado aqui com sua autonomia readquirida no processo de redemocratização. Há um processo de aprendizado em curso: os atores adquirem a *consciência* de seus interesses coletivos no momento mesmo da sua participação. Assim, a própria ação que se inicia *pode* ser pedagógica, permitindo nova ampliação de seu mundo cognitivo, não apenas com as experiências vividas, e com as estratégias pensadas, mas, principalmente, com os *frames* de ação coletiva que são construídos e que fornecem novas visões de mundo para os atores. Esses *frames*, que constroem significados para a ação, podem implicar ainda a mudança para a construção de sua identidade, ou, como diria Habermas, podem levar à "descolonização do mundo da vida", fornecendo novos esquemas interpretativos que redefinem experiências, sentimentos e visões de mundo, que darão significado à sua ação ao serem rejeitados os padrões de subalternidade de sempre. Como defende Sidney Tarrow (2009), e concordando com McAdam, as pessoas, quando se engajam em confrontos políticos, querem mudar os padrões de oportunidades e restrições políticas, "empregando estrategicamente um repertório de ação coletiva, criam novas oportunidades que são usadas por outros, em ciclos mais amplos" (p. 38). Essa mudança de oportunidade política de que fala Tarrow foi fundamental no caso brasileiro para novas oportunidades de ação coletiva. Nesse processo, ainda segundo o autor, são formadas as redes e as conexões que serão a base dos movimentos sociais.[15]

Assim, ao ser dado ao ator coletivo um novo "script", como bem analisou Appiah (1994) o processo de construção de identidade coletiva de novos atores, vale dizer, quando narrativas fornecem maneiras de ser, e identidades, antes invisibilizadas pelas identidades dominantes, se formam dialogicamente, este pode ser o momento de nova orientação para a ação social. É um momento importante, quando a imagem distorcida do *self*, como analisado por Honneth (2003), está em condições de sair do estado de apatia, superando assim as violações ocorri-

---

[15] A discussão conceitual sobre movimentos sociais será vista no próximo capítulo. Ver Ilse Scherer-Warren (1996) para a análise da importância das redes nos movimento sociais.

das nas suas relações sociais. Essa reconstrução se dá tanto nas relações primárias (no âmbito intersubjetivo dos afetos), quanto nas relações jurídicas (os direitos reconhecidos) ou ainda na dimensão da comunidade (onde se realiza a solidariedade). Para Honneth, em cada uma dessas dimensões são construídas, respectivamente, a autoconfiança, o autorrespeito e a autoestima. O não reconhecimento dessas dimensões nas relações sociais vai corresponder à violação da personalidade, formando uma personalidade distorcida, sujeita a maus-tratos, exclusão e degradação, e ofensa em cada uma dessas dimensões. Dessa forma, esta tripla dimensão de mudança – a aquisição de autoconfiança, de autorrespeito amparado em novas legislações e de autoestima, quando sua identidade é reconhecida e legitimada – está presente nos movimentos sociais que lograram nova interlocução no espaço público.

Esse processo de reconhecimento pode ser encontrado na pedagogia cívica dos vários movimentos sociais. A título de exemplo, serão lembrados apenas três: a) o Movimento dos Direitos Civis, nos EUA, no final da década de 1950, em que a pedagogia cívica foi fator predominante nos relatos dos militantes, que descreviam a participação no movimento social como o momento em que se descobriu um novo caminho, um novo mundo, ou o novo "script" de Appiah;[16] b) a emergência do Movimento dos Sem Terra na década de 1980, quando os militantes aprendem a serem atores enquanto ocupavam as fazendas na luta pelo direito à terra e passavam pelo "processo de liberação cognitiva" analisado por McAdam em pro-

---

[16] Na década de 1990, quando pesquisava o Movimento dos Direitos Civis nos Estados Unidos, tive acesso ao acervo das entrevistas dos militantes que protagonizaram o Movimento. Essas entrevistas foram feitas por Clayborne Carson, da Universidade de Stanford. Ficou evidente o processo de aprendizado que foi o engajamento nas igrejas negras protestantes sulistas. Vários militantes falavam de um novo mundo que se abriu quando se envolveram no movimento. Para a discussão do Movimento dos Direitos Civis, ver meu livro *Católico, protestante, cidadão* (2003).

cesso pedagógico efetivo;[17] c) o Movimento Negro Unificado: as principais lideranças do movimento negro descrevem muito bem o lento processo de construção de sua negritude nas décadas 1970/80, quando sua identidade estava então distorcida pelo padrão de branquitude predominante. Ao participar dos vários coletivos dos movimentos negros que se organizavam a partir de então, foi possível a construção da identidade negra.[18]

São exemplos do aprendizado no processo, uma vez que é necessário romper com ideias fortes até então estabelecidas, no caso, as desigualdades raciais dos Estados Unidos e do Brasil e o acesso a terra negado. E os movimentos sociais cumprem essa função: ao pensarem em repertórios de ação coletiva, novos *frames* para orientarem esta ação, que canalizam a percepção de algum tipo de carência ou conflito até então dissimulado, ocultado ou distorcido, é dado o início de um aprendizado que *pode* vir a ser o móvel de formas de aprendizado e participação em uma pedagogia cívica não necessariamente associada ao aprendizado realizado no sistema escolar.

Pode-se dizer que o processo democrático em curso tinha os ingredientes necessários para o surgimento das práticas pedagógicas para a participação cívica. Como lembra Gohn, os movimentos sociais geram solidariedade e coesão e o militante vai se transformando no ativista organizador (2010, p. 40-42). É uma observação que critica as análises de que não há possibilidade de associativismo em um país escasso no capital social analisado por Putnam, em que as comunidades não se organizam em ações cívicas. Como está sendo ressaltado, é preciso lembrar que práticas democráticas estabelecem processos dialé-

---

[17] No filme "Terra para Rose", de Tetê Moraes, há depoimentos contundentes dos acampados na fazenda Anoni sobre o processo que estavam experimentando sobre sua identidade coletiva em formação e formas factuais de organização.
[18] Ver o livro organizado por Verena Alberti e Amílcar Pereira (2007) para inúmeros depoimentos das principais lideranças negras brasileiras que apontam a importância de estar associadas a um "coletivo" para a construção de sua identidade negra.

ticos em que formas de resistência surgem a partir das condições de liberdade de ação auferidas nesse próprio estado democrático, havendo sempre a possibilidade, lembrada por Melucci, de que conflitos latentes se manifestem nas relações sociais. Portanto, o objeto empírico a ser analisado deve ter como foco como se dá essa *produção social*: "a produção, enquanto ato social mediado, simbolicamente, é, portanto, o ponto de continuidade e de ruptura entre o agir humano e os outros sistemas viventes" (Melucci, 2001, p. 50). Assim, quando o autor fala de relações de produção social, quer ressaltar o dinamismo presente nas próprias formas de organização. E são essas relações que vão significar um "currículo" para o aprendizado.

Mas e a questão da educação formal? No capítulo anterior foi feita uma breve análise dos déficits históricos do acesso à educação e da construção do perverso *apartheid* educacional realizado no sistema de ensino do país. É o caso de perguntar como a educação estava sendo tratada no processo de consolidação da nova Constituição. Florestan Fernandes, que participou da Constituinte como deputado eleito pelo PT, registra que sua luta por verbas públicas para a educação pública não foi contemplada na Constituição de 1988 e diz ter sido "batido e com baixa votação favorável em todas as instâncias sucessivas da Assembleia Nacional Constituinte" (1989, p. 20). As forças conservadoras eram as mesmas desde a contenda dos pioneiros da escola nova da década de 1930, que foram ainda vitoriosas na Lei de Diretrizes de Bases de 1962, momento em que houve forte atuação do então governador Carlos Lacerda em defesa da privatização do ensino laico e religioso. Sem pensar em leis mais eficazes que atacassem o padrão desenvolvido desde sempre, a Constituição de 1988, ressalta Florestan, enuncia alguns dos pontos que serão decisivos para a elaboração da Lei de Diretrizes e Bases a ser aprovada na década seguinte. Lembra ainda que, apesar do bom sistema de referência contido nas suas recomendações, a Carta de 1988 manteve a privatização do ensino e não foi capaz de promover mudança para um sistema público de ensino que significasse a democratização pela educação, que proporcionasse a "renovação da cultura cívica" (p. 42) pela ruptura radical no sistema educacional com o modelo vigente até então.[19]

De novidade foi a abertura para outras formas de participação pela escola e pelo sistema de proteção à criança e ao adolescente, consolidado no Estatuto da Criança e do Adolescente (ECA) de 1990. Marcelo Burgos (2014) registra esse momento importante a partir de 1988, quando a proteção à criança se desloca do "menor" em situação irregular para a defesa da "criança" na sua proteção legal, e aponta a importância dos Conselhos Tutelares criados então como dimensão legal dessa mudança de paradigma. Era o primeiro passo, ainda tímido, para maior democratização das decisões na área educacional.

Assim, a década de 1990 se inicia com as promessas trazidas pela redemocratização, mas com o desafio de ter de se lidar com as grandes desigualdades estruturais nas suas várias formas. A sociedade civil que se organizou a partir da década de 1970 começa a formar novas "sociabilidades políticas" no dizer de Ilse Scherer-Warren (1996). Foi o momento em que se organizaram vários movimentos de contestação tanto das estruturas fechadas do Estado autoritário quanto das estruturas injustas de um crescimento sem redistribuição. E os movimentos sociais, juntamente com as várias outras organizações da sociedade civil, vão tensionar a esfera pública na década seguinte, quando se questiona com mais vigor o arranjo societário excludente e autoritário. Novas subjetividades são construídas a partir das experiências vividas em situações de desrespeito, invisibilidade ou discriminação, como será visto no próximo capítulo.

---

[19] Luiz Antonio Cunha faz um relato detalhado da mobilização dos governadores em defesa da educação laica, gratuita e pública e como ela sofreu um recuo pela pressão das escolas católicas. Ver capítulo 11 de seu livro *Educação, Estado e democracia no Brasil*.

CAPÍTULO 3
Década de 1990 – Novas formas de participação

Os capítulos precedentes procuraram ressaltar o processo em curso no caminho para a volta à democracia no Brasil. Enfatizou-se como a ideia de direitos levou a demandas por reivindicações específicas, quando novas concertações da sociedade civil se fizeram presentes a partir da Constituinte em 1987 e na versão final da Constituição de 1988. Outro marco importante foi a eleição presidencial em 1989, momento crucial no processo de redemocratização depois de três décadas de suspensão do voto direto para presidente da República. A análise que segue não vai contemplar os meandros das sucessões presidenciais desde 1989 e não é o caso de compreender a política *strictu sensu* do que estava em curso nos anos iniciais da nova república que surgia. Vão ser privilegiadas as dinâmicas sociais e a análise política em seu sentido mais amplo para que se entenda o processo de pedido de mudança efetiva, em especial no que se refere aos desafios postos para o contexto democrático no tocante às desigualdades estruturais, para a relação mais dinâmica entre Estado e sociedade civil, e para a emergência de uma cultura cívica impensada até então.

O foco de análise estará mais centrado nas desigualdades persistentes no que tange às demandas por direitos em geral. Neste capítulo será visto como a democracia que chegava encontrava dilemas que passaram a nortear as dinâmicas sociais por meio de novas formas de participação, que tinham, como objetivo maior, a conquista de vários direitos não contemplados ou não reconhecidos. Serão privilegiadas duas questões que assumem outra orientação normativa com a Carta de 1988: os novos *frames* de ação coletiva na luta pela moradia, e a denúncia da desigualdade racial, que ganha, aos poucos, novo arcabouço jurídico. Serão, assim, analisados os conflitos que surgem em torno dessas duas questões sociais, que trazem o surgimento de demandas específicas nos movimentos sociais que se consolidam e traduzem muito da discussão teórica do capítulo anterior.

Porque a década de 1990 pode ser definida como a década em que há a emergência de novas demandas para a fruição de direitos, resultado não apenas de movimentos horizontais que se organizaram desde a década anterior, mas também da crescente consciência acerca dos déficits históricos da desigualdade estrutural do país. É o momento em que se percebe a urgência da radicalização da ideia de democracia (Mouffe, 1995), vale dizer, com a recusa de se seguir aceitando os preceitos constitucionais apenas no nível formal, em novo caminho para a reivindicação de direitos substantivos, que significassem a demanda por políticas efetivas como remédios para os padrões históricos de desigualdade.

As análises de vários cientistas sociais sobre o período inicial de redemocratização demonstram o otimismo em curso, quando governos democráticos tiveram de lidar com o pedido de demandas pela expansão dos direitos, o que implicava no reconhecimento da necessidade de se promoverem políticas que viessem para mitigar os padrões do *apartheid* social brasileiro. A década que se iniciava foi o momento de se verem efetivadas as promessas constitucionais concebidas em 1988, mas não deve estar implícita a ideia de que houve um processo natural de conquista gradual de direitos. Muito pelo contrário, foi um constante processo de luta pelo reconhecimento dos vários déficits do nosso acordo social incompleto, cuja visão de mundo significava o pedido do reconhecimento de direitos não contemplados. Mas é preciso ter em mente que a década de 1990 representou também um momento tensionado, quando essas novas práticas começaram a revelar a reação de grupos que até então usufruíam do acordo social excludente, que reagiam não só à ideia de direitos humanos para novos grupos, mas também ao pedido de maior justiça social e respeito a grupos que historicamente haviam vivido à margem do acordo democrático anterior, excludente e corporativo.

No presente capítulo será mostrada a importância do processo de mão dupla entre um Estado mais poroso à ideia de direitos, advinda das formas de mobilização da sociedade civil referenciadas pela Carta de 1988, e os novos atores que chegavam à esfera pública reivindicando direitos. Foi o momento para a emergência de nova cultura política, com o movimento inusitado de práticas sociais de "baixo para cima", cuja ideia da efetivação dos direitos se tornou o motor de ação concertada de vários movimentos sociais e outras formas de organização da sociedade civil, que terminaram por se refletir ainda na atuação de setores governamentais em diferentes níveis. Foi dada a partida para uma articulação mais explícita com várias instâncias do Estado a ser analisada no próximo capítulo. A educação, grande desafio para o estado democrático de direito, ocupou naquele momento posição central para a busca por políticas públicas que lograssem o acesso universalizado ao ensino fundamental, mas também que procurassem mitigar os padrões estruturais da desigualdade ao longo do processo educacional, inclusive quando foram pensadas práticas educativas fora do sistema educacional.

Para efeito da análise que segue, serão privilegiadas três questões: a) como a ideia de *direitos* vai paulatinamente ocupando espaço para se pensar novas políticas de Estado e novas formas de participação, tanto no que se refere à ideia de justiça, quanto aos déficits sociais que pediam urgentes soluções; b) como o marco jurídico da Carta de 1988 propiciou nova *solidariedade social* em torno de questões prementes para a maior fruição de direitos, e duas serão destacadas na análise que segue, dentre tantas outras: da moradia, quando atores dos movimentos sociais que se organizam nessa década na luta pela moradia desenvolvem práticas discursivas para tentar sua legitimidade na esfera pública, e quando os movimentos negros se organizaram na luta pela denúncia do racismo e pela reivindicação por políticas na área da educação; e c) a importância da *luta por reconhecimento,* da forma analisada por Axel Honneth, e que ajuda a entender o momento em que sujeitos saem de situações de apatia para a reivindicação por maior justiça social. Muitas outras questões poderiam ser trazidas, mas vai ser resguardado o foco analítico que foi contemplado nos capítulos anteriores – a ideia de direitos, a atuação dos movimentos sociais nas suas formas de mobilização para a demanda desses direitos e, agora, trazendo a questão do reconhecimento, como proposta por Honneth e Taylor, para o foco na teoria crítica que se está enfatizando. O pano de fundo continua sendo a desigualdade na fruição de direitos, que permeou e congelou possíveis formas de maior equidade social no acordo social do país.

A década de 1990 representou, assim, o momento em que nova cultura política começou a ser construída, trazendo, por sua vez, acomodações e inúmeras tensões com grupos representantes da ordem anterior, esta baseada em formas autoritárias de controle social e de exclusão: de um lado, chegaram novos atores políticos, cujo norte de atuação era a busca por maior justiça social, por outro, estavam aqueles que entravam no jogo democrático com a mesma visão de mundo clientelista, conservadora e excludente. Pode-se mesmo interpretar esse momento como um novo formato da ambiguidade que sempre esteve presente na formação social brasileira, pois a convivência entre duas culturas políticas tão díspares persistiu e teve de ser construída para viabilizar o processo de consolidação democrática. Afinal, os antigos atores nunca saíram de cena. Embora não seja objeto da análise que segue, cabe lembrar que coalizões inusitadas estiveram presentes na formação dos governos democráticos desde Fernando Henrique Cardoso até o governo Dilma, cujas chapas presidenciais refletiram essa convivência ambígua. Mas será defendido no que segue que as novas dinâmicas sociais e formas de mobilização e participação representaram a partir de então uma mudança estrutural na esfera pública, sendo a ideia da fruição de direitos o foco central, tanto no nível ontológico, quanto nos níveis político e cultural. No nível analítico, a teoria crítica de direitos humanos vai refletir a urgência de serem consideradas as dimensões da desigualdade e da luta por reconhecimento nas análises sobre a cidadania possível na sua dimensão normativa.

Nova cidadania em construção

As formas de participação inovadoras que foram promovidas com a Constituição de 1988 trouxeram o revigoramento na relação entre Estado e sociedade civil, com a criação de outros espaços institucionais. Foram criados vários conselhos gestores e outras formas de se fazer política, simbolizadas pelo Orçamento Participativo (OP), cuja versão inicial se deu em Porto Alegre, em 1989, na gestão Olívio Dutra, e continuada na gestão Tarso Genro. O OP tornou-se então o símbolo da possibilidade de participar a partir das decisões políticas municipais, desde seus conselhos populares, passando pelas plenárias, até a eleição de representantes para atuar junto às prefeituras. Na educação, foram estabelecidos os Conselhos Tutelares, como resultado do Estatuto da Criança e do Adolescente (ECA), criado em 1990, que traduz a mudança na concepção dos direitos da criança e do adolescente (Burgos, 2014). Havia uma aposta positiva acerca das possibilidades da democracia que chegava, ainda que com grande dose de alerta. As análises feitas sobre o período refletiam esse "espírito do tempo", e a discussão dos direitos e da nova cidadania assumem preeminência analítica.

Quando Vera da Silva Telles (1994) analisou esse momento, trouxe questões teóricas e analíticas relevantes para a compreensão da transição democrática. Atentava então para a necessidade de deslocar a discussão sobre direitos de sua ótica formal para entendê-los como a maneira articulada pela sociedade e "na medida em que são reconhecidos, os direitos estabelecem uma forma de sociabilidade regida pelo reconhecimento do outro como sujeito de *interesses* válidos, *valores* pertinentes e *demandas* legítimas" (p. 92). E a autora faz uma bela analogia entre a construção dessa sociabilidade e reciprocidade e o estabelecimento de uma "gramática civil", que implicaria o acordo tácito a regras e normas generalizadas. Para que o uso dessa gramática se realizasse, era preciso, ainda segundo ela, que esta fosse usada nos espaços públicos, onde as práticas discursivas dos movimentos sociais pudessem trazer novas concertações e se tornassem *lócus* privilegiado, cuja missão seria a de superar os problemas estruturais brasileiros.

Tendo consciência da dificuldade de superar o autoritarismo nas relações sociais, a violência e a discriminação nas práticas sociais, além do clientelismo do jogo político, Vera Telles enumera os dilemas então postos não só para a fruição efetiva dos direitos, como também para o papel da sociedade civil nesse processo. Entre esses dilemas, cabe ressaltar a questão das formas muito desiguais da dinâmica societária, o que levou a desafios a serem enfrentados para a superação do "*apartheid* social" construído ao longo da nossa história. Era uma tarefa difícil, no momento em que a heterogeneidade de grupos que então chegavam aos espaços públicos tinha de passar a ser concebida no respeito mútuo e não na discriminação: "Pois as distâncias sociais são tão grandes que parece não ser plausível uma medida comum que permita que a questão da justiça se coloque como problema e critérios de julgamento nas relações sociais." (idem, p. 95). Este era o grande desafio a ser superado na nossa modernidade excludente: requeria nova contratualidade nas relações que movimentos organizados estabeleciam com o Estado, em relações em que o reconhecimento de direitos e sua fruição efetiva passavam a ser condição primordial, com nova interlocução no espaço público advinda dos movimentos sociais, junto a outras formas de participação na demanda por novos direitos.[1]

Analisando o mesmo período, Elisa Reis também aponta para os problemas da integração social e a difícil possibilidade de solidariedade social numa sociedade que sempre apresentou grande distância entre grupos na perpetuação da desigualdade social. Em um tom bem mais pessimista, afirmava que a esfera pública nos grandes centros urbanos brasileiros estava se retraindo devido à crescente desigualdade social do país, o que a aproximava do "familismo amoral" analisado por Banfield no sul da Itália décadas antes. Não via possibilidade de um acordo social ampliado, uma vez que a desigualdade era tanta que era impossível qualquer aproximação de grupos sociais tão distantes.[2]

Ao se perguntar de que forma a democracia poderia se consolidar em um país no qual a mínima integração social não havia sido realizada, Elisa Reis via a sociedade civil aprisionada na sua relação com o Estado, apesar das associações que surgiam na classe média e dos novos movimentos sociais. Aponta que a tradição política deixou pouco espaço para o surgimento de interesses autônomos e diversificados, coibidos pela visão orgânica de um Estado-nação que definia a identidade coletiva a partir da subordinação ao Estado populista. Assim sendo, vê a solidariedade cívica difícil de ser realizada devido à grande desigualdade social: "Quanto maior é a distância entre os seg-

---

[1] Vera Telles enumera ainda vários desafios então postos, dentre os quais estavam a tarefa de se lidar com a heterogeneidade dos grupos, sua distância social e os interesses corporativos assentados desde sempre. Esse último ponto será desenvolvido no capítulo 4.
[2] Para Elisa Reis, o conceito de familismo amoral ajuda a entender aquele momento, pois, segundo ela, a grande maioria da população pobre não encontrava incentivos para a participação. Enumera como empecilhos a persistência de uma visão holística de sociedade fortemente influenciada pela Igreja e pelo Estado paternalista e corporativo.

mentos sociais, mais abstrata se torna a preocupação dos que estão em cima com as dificuldades dos que estão embaixo" (1998, p. 125) e os espaços das comunidades, tanto ricas quanto pobres se limitam.

Apesar de escrito há mais de vinte anos, é um texto que mantém grande atualidade. Elisa Reis nele ressalta: "A própria ampliação das distâncias sociais provoca o medo das pessoas de utilizar o espaço público e causa sua retirada para a privacidade, levando-as a evitar toda interação social fora de seu círculo mais próximo" (idem, p. 126). Assim, a crise de solidariedade, que ela via então como desafio para o projeto democrático que se iniciava, passava pela resolução da maior integração e inclusão sociais. Aqui se encontra um ponto analisado e enfatizado nos capítulos anteriores: a desigualdade social extrema não permite que se atinja o mínimo necessário para o projeto de integração social ampliada. Concordando com a autora, enfatizo que são mundos à parte, desenvolvidos numa "esquizofrenia social" (Paiva, 2004), em que o "outro", aquele que está à margem, representa um grupo nebuloso, o perigo, a ameaça.

Na realidade, estamos nos referindo a dois níveis distintos nessa época: de um lado, está a cultura política brasileira que até então não incentivara a mudança estrutural para a participação mínima na esfera pública, que teria forçosamente de passar pelo acesso aos direitos sociais, mas, por outro lado, houve, como está sendo ressaltado aqui, outro dinamismo social em torno da reivindicação por direitos com a redemocratização. Assim, quando se analisam as formas de concertação que surgem no período, percebe-se o espaço criado para que grupos chegassem à esfera pública com demanda de direitos tanto na chave da *redistribuição* dos bens sociais, como o acesso à moradia ou à terra, quanto na chave do *reconhecimento*, resultado de novas subjetividades construídas em identidades coletivas, como a ação promovida pelos movimentos LGBT ou negros.

A distinção entre redistribuição e reconhecimento foi importante chave analítica trazida por Nancy Fraser (1997) para a compreensão da natureza dos movimentos sociais contemporâneos, mas a autora lembra que esta é uma distinção analítica, uma vez que ambos estão interligados nas sociedades capitalistas e configuram determinado tipo de esfera pública, posto que normas culturais são institucionalizadas pelo Estado e pela economia, ao mesmo tempo que a desvantagem econômica impede a paridade de participação tanto nos espaços públicos, quanto na vida cotidiana. Na chave analítica de Fraser, os movimentos negros pediam tanto a redistribuição quanto o reconhecimento, uma vez que a subalternidade sistêmica gerou um processo de mão dupla de interdição aos bens sociais, principalmente o acesso à educação, e à falta de reconhecimento da população negra como grupo social de igual valor. O mesmo pode ser dito sobre o MST: a falta de reconhecimento do igual valor dos indivíduos levou às condições em que arranjos precários e informais de moradia fossem naturalizados.

Evelina Dagnino, analisando a mesma década, ajuda nessa discussão. Vai elaborar uma argumentação que ressalta o papel dos movimentos sociais na construção de uma "nova cidadania", cujo nexo constitutivo era a relação imbricada entre cultura e política, ambas entendidas em seu sentido mais amplo, não podendo ser dissociadas. E aponta seis condições para que a democracia no Brasil pudesse assumir a estratégia política necessária na construção de um projeto democrático que significasse ruptura com o autoritarismo social brasileiro: a) a noção de direitos deveria contemplar sempre a possibilidade de novos direitos; b) isso queria dizer que novas formas de demandas por direitos feitas de "baixo para cima" teriam ser reconhecidas; c) significava ainda a simultaneidade para a realização dos vários direitos, individuais e sociais, em nova "proposta de sociabilidade"; d) o que implicava em um processo de aprendizado social para a convivência de novos cidadãos que chegavam aos espaços públicos:

> Isso supõe uma "reforma intelectual e moral", para usar um termo gramsciano. Parece-me que aí está a radicalidade da cidadania enquanto estratégia política. Supor que o reconhecimento formal de direitos pelo Estado encerra a luta por cidadania é um equívoco que subestima tanto o espaço da sociedade civil como arena política como o enraizamento do autoritarismo social. (1994, p. 109)

Concordando com a autora, é o que está sendo enfatizado aqui: na radicalidade da democracia, na busca pela efetiva realização dos direitos, padrões extremos de desigualdade tornaram-se *a* questão social a ser enfrentada na redemocratização.[3]

E pode-se perguntar: como essa discussão acerca de direitos e desigualdade ajuda na compreensão da década de 1990 a ser tratada neste capítulo? É impossível qualquer integração social, como ressaltou Elisa Reis, ou uma nova cidadania pode estar em curso, sendo a ideia da fruição de direitos fundamental para a possível construção da cidadania ativa? Vai ser defendido que é um processo complexo e dialético, mas que a ideia de direitos humanos passou a ser o motor de várias mobilizações, quando a sociedade civil assumiu uma dimensão revigorada com os movimentos sociais numa dimensão da política que implicava mudanças de padrão *cultural* (Touraine, 2007). É complexo porque há novos atores em cena que vão reivindicar demandas nos espaços de mobilização criados; é dialético porque tais concertações oriundas na sociedade civil implicaram novas relações com o Estado nas três esferas.

---

[3] Dagnino ainda elenca o direito à participação (dando ênfase ao OP) e à necessidade da realização do binômio da igualdade com a diferença como questões fundamentais para a diversidade de novas demandas então trazidas para os espaços públicos.

No legislativo, com o pedido de leis que assegurassem as garantias constitucionais no plano substantivo; no judiciário, no que diz respeito à proteção aos cidadãos, consubstanciada na criação do Ministério Público, cuja esfera de atuação se desloca para atender às demandas dos cidadãos; e no executivo, quando o Estado de direito passou a demandar criações de espaços inexistentes na ordem política anterior e novas práticas políticas precisaram ser pensadas. E nessa relação de mão dupla, as relações estabelecidas alteram os formatos institucionais enquanto vão dando novos canais para as organizações na sociedade civil.

A título de exemplo, cabe lembrar que, no nível da ação estatal, a ideia de direitos humanos se materializou em caráter mais efetivo no governo Fernando Henrique Cardoso, com a criação da Secretaria dos Direitos Humanos em 1996, vinculada ao Ministério da Justiça. A Secretaria tinha por objetivo a promoção de ações estratégicas em diversos setores do governo e sua pauta era não só a ênfase na fruição dos diversos direitos, mas também a denúncia de suas violações. Entre estas, estava a questão racial nas suas formas de discriminação, violência material e simbólica e subalternidade. Foi ainda no Ministério da Justiça que foi criada uma comissão interministerial composta por organizações negras para que fossem pensadas propostas objetivas para lidar com a desigualdade racial. Assim, a questão do racismo entrou na pauta das preocupações governamentais, ainda que de forma tímida, e a ideia de se encontrar remédios para a subalternidade dos negros construída na história republicana trouxe a questão da ação afirmativa para os espaços discursivos. Com a criação do Programa Nacional de Direitos Humanos, houve então a necessidade de se pensar em ação afirmativa para atacar o problema da desigualdade estrutural a que a população negra estava submetida, tanto em relação à educação, quanto ao mercado de trabalho. Em seminário internacional realizado em Brasília sobre multiculturalismo e racismo, em 1997, o então presidente, Fernando Henrique Cardoso, reconheceu a existência do racismo na sociedade brasileira, fato inédito e importante para que se abrissem espaços para que os movimentos negros trouxessem pautas com demandas específicas.[4]

Estão sendo trazidos alguns dos fatos que representam a confluência de novos padrões para uma cultura política inovadora. A questão dos direitos de minorias entra com força e traduz a complexidade da própria formação social brasileira: seus direitos passam a ser cobrados em novos esquemas interpretativos, como os direitos dos povos indígenas que formatam suas questões nas organizações indígenas criadas ao longo da década de 1990 (Souza Lima, 2012) ou nas ações estratégicas do movimento negro, que atuam em várias instâncias institucionais (Guimarães, 2002; Pereira, 2008; Gonzalez e Hasenbalg, 1982). Na análise de Fraser, são grupos que pedem o reconhecimento de sua identidade para a participação na esfera pública. A chave do reconhecimento é importante porque demandas específicas que poderiam ser pensadas no contexto da redistribuição não podem ser compreendidas sem a legitimação de uma identidade construída: foi o caso das demarcações, tanto das terras indígenas para os povos nativos quanto para os quilombolas. Trata-se de ideia nova elaborada com a Carta de 1988 e que foi ressaltada no capítulo anterior. No elenco da redistribuição, a questão da moradia em novo *frame* de ação coletiva como o direito à cidade entra na esfera pública.

Assim, a ideia homogeneizante dos direitos iguais para todos veio junto com o respeito à diferença em sua luta por reconhecimento. Igualdade, agora na chave da equidade, vale

---

[4] Ver o livro organizado por Jessé Souza (1997) sobre o seminário internacional realizado em Brasília para a discussão do racismo no Brasil, "Multiculturalismo e racismo: o papel da ação afirmativa nos Estados democráticos contemporâneos", com a presença de pensadores brasileiros e estrangeiros que pensaram a questão racial no país e a nova questão em torno da ação afirmativa.

dizer, na sua dimensão substantiva, passou a ser equacionada com a diferença a partir de então. E por que era um processo complexo e dialético? A complexidade girava em torno da chegada de novos grupos a conformar uma esfera pública mais heterogênea, tanto com o pedido de seu reconhecimento antes não reconhecido como sujeito de direitos, quanto pelo pedido de redistribuição dos bens materiais em políticas públicas específicas. O processo dialético traduzia essa relação de mão dupla: quando os novos atores chegaram à esfera pública pedindo o reconhecimento da legitimidade de suas demandas, estas provocaram novos arranjos institucionais com a necessidade de serem pensadas políticas visando à maior distribuição.

E na área da educação formal, outra questão enfatizada aqui, quais eram os desafios postos? A lei de Diretrizes e Bases, finalmente promulgada em 1996, lança as diretrizes para políticas educacionais pensadas em nível nacional a serem implantadas nas esferas estaduais e municipais. As prescrições giravam, dentre outras, em torno da ideia de a educação promover a fruição de direitos e ajudar no espírito crítico na formação dos cidadãos. Mas, de novo, foram trazidas questões importantes no nível formal para a renovação dos currículos, mas os dilemas educacionais estavam ainda colocados para a descentralização curricular, para levar os recursos públicos até a ponta – aluno e professores no ambiente escolar – e para se pensarem modelos educacionais que fossem significativos para alunos que não traziam os capitais cultural e social pensados para a escola homogênea e excludente (Bourdieu e Passeron, 2002). Houve o acesso universalizado no ensino fundamental, sim, mas com o enorme desafio de transformar tal acesso numa oferta de educação de qualidade, que pudesse transformar a escola pública do ensino fundamental em escola verdadeiramente republicana.

Esse desafio pode ser visto nas taxas de evasão e do analfabetismo funcional, desafios postos para a escolaridade efetiva.

Houve sim elevação substancial da taxa de escolaridade na década de 1990 e diminuição expressiva na taxa de analfabetismo. Segundo dados do Inep, estes eram 50,6% na década de 1950, 39,7% na década de 1960, 25,9% na década de 1980 e 13,6% em 2000. Mas a qualidade da educação era ainda o grande dilema, o que pode ser medido pelo baixo percentual de alunos que completavam o ensino médio na relação entre série e faixa etária (escolaridade líquida): segundo dados da PNAD contínua do IBGE de 2018, eram apenas 20% em 2000, 25% em 2007 para pouco mais de 30% em 2015. Também são expressivas as diferenças regionais e raciais: segundo a mesma fonte, o acesso à educação básica é maior entre brancos (55,6%) do que entre pretos e pardos (40,3%). Este é o grande gargalo do desafio educacional brasileiro no que concerne à educação pública. Os indicadores da década de 1990 eram contundentes ao revelar o tamanho da desigualdade, não só para a escolaridade efetiva, mas também no tocante ao fosso construído entre as escolas de ensino fundamental e médio das redes pública e privada.[5]

Pese todas as promessas de maior equidade na área da educação, a escola do pobre, analisada em capítulo anterior, era ainda uma realidade, e esses indicadores mostravam que havia um longo caminho pela frente, uma vez que os índices de desenvolvimento da educação básica, assim como a evasão escolar e o acesso elitista à educação superior criam desafios a serem enfrentados. Se havia algum otimismo no ar, era pelas outras formas de participação que chegavam com o protagonismo da sociedade civil, formas que passavam, inclusive, por alternativas à educação formal que foram se consolidando no período de redemocratização.

---

[5] Para excelentes análises sobre as desigualdades educacionais brasileira, ver o livro organizado por Carlos Hasenbalg e Nelson do Valle Silva, *Origens e destinos,* com artigos doesses autores e de Carlos Antonio Costa Ribeiro e Livio Sansone.

Novos processos de concertação social

Está sendo enfatizada a importância do processo de transformação estrutural na esfera pública brasileira com a redemocratização do país e com o protagonismo de setores da sociedade civil em formas variadas: associação de moradores de bairros e de favelas, organizações não governamentais, conselhos, fóruns, coletivos, redes e movimentos sociais. Todos tinham como pano de fundo a demanda por direitos, pedida a partir dos próprios atores que lograram cobrar na esfera pública as demandas organizadas na década anterior. Eram formas de solidariedade sempre em movimento. As estratégias e os repertórios escolhidos eram variados, mas as ações coletivas encontravam ressonância em um Estado mais poroso a mudanças. Isso não quer dizer que houve um processo virtuoso de mão única: muito pelo contrário, formas clientelistas, corporativas e conservadoras estavam intactas e produziam tensões para a democracia que chegava. De qualquer forma, houve um processo de solidariedade na configuração de novo acordo social nos grupos que passaram a questionar os padrões de desigualdade existente, assim como no Estado que passou a fornecer os primeiros canais para as ações que se formavam, nos primeiros "encaixes institucionais" (Lavalle et al., 2019) que irão se consolidar na década seguinte.

Mas será que as liberdades individuais nos regimes democráticos, como defende Alain Touraine acerca da necessária "liberdade criativa" para a emergência dos movimentos sociais, pode finalmente aflorar nessa década com a consolidação da liberdade negativa, fundamental, como advoga ele, para a emergência de movimentos que chegaram demandando mudanças sociais e culturais? Para o autor, não se trata de colocar a liberdade negativa em contraposição à liberdade positiva, como se pensa quando o Estado assegura os direitos culturais, mas tão somente a garantia, por parte do Estado, das liberdades individuais, nas variadas formas de pertencimento social. E Touraine pergunta: "é possível existir uma liberdade positiva quando não existe primeiramente uma liberdade negativa?" (2007, p. 132).[6] Trazendo para o cenário brasileiro da década de 1990, é essa liberdade negativa, ou seja, a garantia dos direitos civis, prometidos na Carta de 1988, que estava pavimentando a liberdade criativa dos novos movimentos sociais.

Cabe ainda ressaltar que Touraine não está exaltando o individualismo como solução para uma vida regrada pelas instituições, mas sim para a importância de se verem asseguradas formas múltiplas de pertencimento que surgiram na esteira dos movimentos sociais desde a década de 1960. No caso brasileiro, é na década de 1990 que as práticas sociais em novas sociabilidades vão conformar a consolidação de concertações possíveis. Os movimentos sociais que serão ressaltados ilustram bem o dinamismo social da época: na ação do movimento negro, cabe averiguar algumas das estratégias pensadas na luta por mudança de padrão cultural necessária para a maior igualdade racial; nos movimentos populares de luta pela moradia chegou a denúncia da desigualdade habitacional nos centros urbanos, quando a moradia entra na chave de sua função social. Ambos questionavam ideias fortes da cultura brasileira: a harmonia racial e a naturalização do déficit habitacional.

Quanto à ação do movimento negro, não era tarefa fácil no país da democracia racial, mas as várias formas de atuação dos movimentos negros desde a década anterior visavam à legitimidade de suas demandas. Atuavam em várias frentes: junto ao legislativo, pressionando para tornar o racismo crime inafiançável, como de fato ocorreu, em 1997, com a Lei Paim; no

---

[6] Alain Touraine ressalta a importância da liberdade negativa, vale dizer, a fruição das liberdades individuais garantidas pelo Estado para a fruição da liberdade positiva, dever do Estado para a promoção dos direitos sociais. Ressalta ainda a importância de o Estado garantir a liberdade religiosa nas suas várias pertenças.

executivo, com as comissões interministeriais formadas e que começaram a pautar a desigualdade racial, quando medidas ainda tímidas de ação afirmativa foram pensadas em alguns ministérios; no judiciário, com denúncias de discriminação racial que ganharam novo arcabouço jurídico com a Lei Paim. Não eram ações fáceis em nenhuma dessas esferas, pois, como visto anteriormente, os novos esquemas interpretativos pediam mudanças que implicavam mudanças de padrão cultural. A título de exemplo, cabe lembrar que as sentenças proferidas pelos juízes depois da lei Paim procuravam amenizar qualquer denúncia sobre injúria racial (Dubeux, 2008).[7]

No âmbito da sociedade civil, um momento exemplar da convergência entre a ação dos movimentos negros e a demanda pela educação pode ser entendida com a criação dos pré-vestibulares comunitários, ideia gestada no âmbito da pastoral do negro desde 1989, e a partir de experiências isoladas, especialmente a Cooperativa Steve Biko, na Bahia, e de setores progressistas da Igreja Católica em São Paulo. Em 1993, é fundado o Pré-Vestibular para Negros e Carentes (PVNC), cujo objetivo era propiciar que alunos da Baixada Fluminense (RJ) estivessem em condições mínimas para competir com os egressos das escolas particulares no acesso à educação superior, que tinha no vestibular sua única possibilidade. A partir do PVNC, surgiram vários cursos comunitários, como o Educafro, fundado por Frei Davi.[8] Foi um momento muito importante: associações no seio da sociedade civil se organizaram para que "jovens e carentes" pudessem sonhar com a universidade. Como re-

---

[7] Ver o livro *Notícias e reflexões sobre discriminação racial*, onde se discutem as ocorrências sobre discriminação racial nos principais jornais da cidade do Rio de Janeiro. A pesquisa foi organizada por Elielma Machado e coordenada por mim. Simone Dubeux analisou as denúncias de injúria racial que chegavam ao Judiciário.
[8] Para a análise dos vestibulares comunitários, ver Renato Emerson dos Santos (2003), que analisa o início da organização dos pré-vestibulares e as tensões surgidas entre as várias organizações.

gistra Frei Davi: "O projeto [Educafro] passou a ser um instrumento poderosíssimo para discutir e aprofundar a questão racial, a questão da autoestima, a questão da ação afirmativa. Esse grupo de pessoas – alunos, professores e coordenadores, militantes desse espaço –, com a participação de vários movimentos da sociedade e de vários outros pré-vestibulares, se transformou, no contexto do Brasil de hoje, no protagonista da luta pelas cotas e das ações afirmativas" (2007, p. 417).[9]

Pode-se concordar com Frei Davi de que a criação dos pré-vestibulares comunitários pavimentou o caminho para o consenso que se alcançou entre as várias organizações negras, no final da década, pela demanda por ação afirmativa no ensino superior. Afinal, havia um grupo de jovens provenientes da periferia que estava se habilitando para a entrada no ensino superior pelos vestibulares comunitários ao completarem o ensino médio. Assim, a ação afirmativa no ensino superior representou momento importante para se atingir tal consenso e as reuniões preparatórias para a Conferência das Nações Unidas sobre o Racismo e a Discriminação, realizada em Durban, África do Sul, em 2001, foi o momento catalisador para que lideranças se reunissem, estratégias fossem pensadas e demandas fossem escolhidas. Segundo relatos de várias lideranças do movimento negro, as três reuniões preparatórias para Durban foram essenciais para que novos *frames* de ação coletiva fossem elaborados para a atuação do Brasil na Conferência. Como testemunha Edna Roland, participante ativa das reuniões preparatórias: "Para mim, o mais legal da conferência foram os processos de negociação. Porque são os momentos em que você é concretamente um ator político, em que os di-

---

[9] As citações que seguem fazem parte do livro organizado por Verena Alberti e Amilcar Pereira, *Histórias do movimento negro no Brasil*, com depoimentos dos militantes do movimento negro sobre esse momento crucial para o que vai acontecer na década seguinte a respeito da educação superior brasileira. São registros valiosos de várias outras questões que pautavam a ação do movimento negro.

reitos são construídos. Os direitos, os processos, as políticas estão sendo construídas ali na negociação" (Alberti e Pereira, 2007, p. 384).

Essa fala resume bem o processo de construção dos argumentos daqueles que formavam a delegação brasileira na Conferência de Durban sobre racismo e discriminação em 2001, quando lideranças de várias associações puderam chegar à formulação de *frames*, como definido por Goffman (2012), que traduzissem e formatassem ideias, valores e reivindicações mais amplas da militância negra. O pano de fundo para os grupos negros era o reconhecimento da existência do racismo e da discriminação no país, além da importância da educação que os militantes pregavam para mitigar os efeitos perversos de sua subalternidade histórica.

Aqui já se está falando de outro consenso criado a partir das reuniões preparatórias para Durban: a eleição da ação afirmativa, das cotas no ensino superior, como a bandeira para a formatação de nova pauta. No relato de Ivanir dos Santos sobre a ideia de cotas nas universidades, conta que ele sugeriu ao Fernando Henrique Cardoso que incluísse cota no relatório para Durban, e assim foi feito. "E abriu esse debate todo, o que está obrigando as universidades a se repensarem, a se verem. Não que a cota seja uma maravilha, mas ela é nossa tática; nossa estratégia são as ações afirmativas, que a sociedade tem de fazer" (Alberti e Pereira, 2007, p. 394).[10]

A preparação para Durban sobre racismo, em 2001, foi um momento importante na virada da década, e que traduz muito do que foi analisado até aqui: as oportunidades políticas que surgiram, as redes possíveis criadas com a redemocratização do país, o processo de se unir a agenda das várias redes em

---

[10] Ivanir conta ainda que nessa época já havia passado na Assembleia Legislativa do Rio de Janeiro a proposta de um deputado conservador propondo a lei da cota. Segundo Ivanir, "ele não sabia bem o que era... e as organizações negras relutaram inicialmente para endossar".

torno de demandas específicas, no caso, a nova demanda pelo acesso ao ensino superior, os repertórios pensados pelos movimentos negros ao longo da década, como passeatas, marchas (uma de enorme expressão, A Marcha de Zumbi dos Palmares, foi realizada em Brasília, em 1995) e estratégias concebidas nas diversas áreas de atuação junto ao Estado e a outras instituições da sociedade civil, como a academia, a mídia e os setores progressistas da Igreja Católica. A questão racial entra definitivamente em cena, ajudada ainda pelos importantes dados do Ipea desde 1999 e pelo Censo de 2000, quando ficou escancarada a desigualdade racial do país (Henriques, 2001). Assim, o reconhecimento, a organização em torno de Durban e a ação coletiva dos movimentos negros foram três fatores preponderantes para o que viria a ocorrer no início da década de 2000, quando políticas de ação afirmativa entram nos espaços discursivos da esfera pública e foram logo depois pensadas para o ensino superior.

Quanto ao movimento do direito à moradia, este chega à década de 1990 nos centros urbanos com forte inspiração do Movimento dos Sem Terra (MST), organizado na década anterior. Surgiu motivado pela própria Constituição de 1988, que promovera a ideia de "função social da moradia", e numa ação com repertórios inspirados no MST, veio denunciar os déficits no que diz respeito à habitação nos centros urbanos. O norte para a ação era a injustiça da questão da moradia no país, com milhões de brasileiros sem ter onde morar, ou morando em condições precárias, enquanto havia milhões de propriedades ociosas, muitas delas de órgãos públicos. Se inicialmente a luta era pela moradia, no processo de mobilização, a questão foi se ampliando para a luta pelo direito à cidade, no momento em que o processo de urbanização brasileiro já havia atingido seu auge nas duas décadas anteriores.

A concertação do Movimento dos Trabalhadores Sem Teto (MTST) é ainda resultado do que tem sido analisado ao longo da análise como o processo de radicalização dos direitos: foi a formação de novo ator coletivo, que precisou construir esquemas interpretativos que traduzissem a formatação da denúncia da questão urbana. Esse ator se recusava a ocupar o lugar invisibilizado de sempre nas periferias e favelas dos grandes centros urbanos, como em São Paulo, Campinas (onde nasceu o movimento) e Rio de Janeiro. Os repertórios escolhidos guardam grande semelhança com outros movimentos e têm sido principalmente o das ocupações e passeatas. Não é tarefa fácil em um país em que a ideia da propriedade privada está nas mentes, mesmo de quem não a possui.[11]

As ocupações não só expõem o drama das pessoas que não têm moradia, os sem-teto, mas também levam para a esfera pública a discussão acerca da injustiça em torno da falta de políticas públicas para a questão da moradia. Trata-se de novo esquema interpretativo que traz para os espaços discursivos da esfera pública a existência do problema habitacional do país e seus déficits estruturais que deixaram parcela expressiva da sociedade à margem do acordo societário. Segundo dados do Censo de 2010, existiam então 6,7 milhões de domicílios vagos no Brasil, superando em 200 mil o número de domicílios necessários para atender às pessoas sem-teto. A falta de oferta de moradia nos centros urbanos guarda afinidade com a concentração fundiária do campo e com o que se está analisando sobre o déficit de direitos sociais.

Mas não se podem entender as novas ações em curso no tocante à moradia sem registrar as análises feitas por vários autores acerca da forte urbanização ocasionada pela migração interna, que ocorreu entre as décadas de 1950 e 1980, quando novos grupos passaram a viver nas margens do acordo social

---

[11] Lembro-me de uma aula que ministrei para lideranças comunitárias no início dos anos 2000 e falávamos sobre as ocupações do MST. Uma das alunas, sem nenhuma propriedade, defendia o direito de propriedade do dono da fazenda improdutiva mostrada no filme "Terra para Rose", de Tetê Moraes.

brasileiro (Kowarick, 2000; Caldeira, 2003; Telles, 2001). Lucio Kowarick foi um dos que se dedicaram a entender as contradições urbanas que estavam colocadas desde a década de 1970, e enfatiza a existência do "cidadão privado", que valoriza o que se analisava no capítulo 1, a respeito da valorização da esfera privada na construção do nosso desenvolvimento econômico com exclusão social empreendida pela ditadura militar, quando o público (leia-se o Estado) não provinha condições mínimas de integração à esfera pública. Como lembra o autor, o cidadão se restringia aos espaços de sociabilidade mais próximos, análise baseada na clássica distinção feita por Roberto DaMatta entre *a casa e a rua,* e sua possibilidade de moradia passava por arranjos informais de autoconstrução.

Mas também é preciso atenção para o processo que se iniciava na década de 1990, quando a questão da moradia ganha novos esquemas interpretativos que tinham como objetivo maior o rompimento dos arranjos perversos e informais construídos desde sempre: esses novos esquemas tinham como base as soluções coletivas de moradia, o direito de usufruir da cidade com a recusa de remoções para áreas longínquas dos centros urbanos, a denúncia do processo de exclusão em que estavam circunscritos, e o não cumprimento do preceito constitucional da função social da moradia. Quem ajuda nessa conceituação é Henri Lefebvre (2016), quando defende que o *direito à cidade* é o direito à vida urbana, com todos os aspectos, morfológicos e antropológicos, que devem estar aí contemplados, vale dizer, a necessidade da convivência, da previsibilidade, das trocas. Nessa concepção, os processos de remoção existentes nos centros urbanos do país desde sempre não só revelavam as soluções perversas para grupos não reconhecidos como de igual valor, como diria Taylor, mas também demonstram a seletividade perversa de quem tem acesso a esses bens.

Tanto o movimento negro quanto o movimento dos sem-teto representam o processo do que Touraine (2007) chamou de *individuação*, no momento em que os indivíduos têm a *reflexividade* necessária para se tornarem o *sujeito* e o *ator* que vão trazer novas demandas que expressam situações de injustiça, da opacidade da desigualdade nas relações sociais ou ainda sua subalternização ou subordinação. Para ele, este é o momento em que pode emergir um movimento social, como analisa no movimento de mulheres. Touraine ainda faz uma defesa enfática da importância dos *direitos* para que os indivíduos não corram o risco de verem suas pertenças sociais atomizadas no processo de modernização ocorrido ao longo do século XX. Trazendo para o caso brasileiro, os direitos então reivindicados ilustram a equação complexa do momento em que os direitos individuais ainda estavam sendo assegurados enquanto os direitos sociais estavam sendo demandados. Assim, a década de 1990 foi importante para a consolidação dos repertórios e estratégias dos vários movimentos sociais que surgiram desde o final da década de 1970. A ênfase colocada na questão dos direitos traz a possibilidade de concertação social nos espaços da sociedade civil, de movimentos que se organizam desde a década de 1970 em uma "cidadania insurgente" (Holston, 2013), a ser analisada com mais detalhes no próximo capítulo.

    Tanto o movimento de luta pela moradia quanto o movimento negro passaram pelo processo de *liberação cognitiva* registrado por Doug McAdam (1999) ao analisar o movimento dos direitos civis americano, e já discutido no capítulo anterior. Quando enumera os fatores que podem gerar a "insurgência" do protesto político no movimento negro americano, McAdam aponta para três principais: as oportunidades políticas ampliadas, as organizações locais existentes e os processos socioeconômicos mais amplos como fatores essenciais para o "potencial estrutural" de uma ação coletiva exitosa. E pode-se dizer que esses fatores estavam presentes nos movimentos sociais brasileiros ao longo da década de 1990.

Outra questão importante que se consolida nessa década de redemocratização foi o surgimento de várias *redes* da sociedade civil construídas em fóruns e associações a partir da ação de movimentos sociais, organizações não governamentais e associações. Ilse Scherer-Warren ressaltou a importância das redes de movimentos sociais desde a década de 1980 e suas análises sobre redes ajudam a entender as dinâmicas sociais ocorridas desde o pedido de redemocratização do país na década de 1970, até o momento de novas oportunidades de concertação no âmbito da sociedade civil da década de 1990. Scherer-Warren registra a importância de fóruns, redes e encontros de organizações que se consolidam nessa década com várias bandeiras e afinidades entre as organizações. Sua análise reforça o que foi desenvolvido no capítulo 1 sobre os arranjos construídos no âmbito da sociedade civil. E cabe lembrar que tanto os movimentos negros quanto os movimentos de luta pela moradia são movimentos sociais que lograram se organizar e formar redes, quando construíram repertórios de ação e novos *frames* de ação coletiva para que suas reivindicações alcançassem espaços públicos ampliados.

    Trazendo para a análise crítica proposta inicialmente, dois aspectos precisam estar sempre presentes: como esse potencial pode ser realizado e como impacta na esfera pública. E aqui entramos no último item proposto nesse capítulo, qual seja, ver de que maneira esse momento inicial de identidade coletiva pode ser construído. E uma teoria que elucida bastante acerca desse momento crucial é a teoria do reconhecimento desenvolvida por Charles Taylor e Axel Honneth.

Luta por reconhecimento nos movimentos sociais

Charles Taylor e Axel Honneth, na virada das décadas de 1980 e 1990, produziram as primeiras análises em que *reconhecimento* passou a ser importante categoria analítica para a interpretação dos movimentos sociais que surgiram em décadas anteriores. Ambos vão buscar em Hegel a importância do reconhecimento intersubjetivo para a construção da identidade dos indivíduos: partia das relações afetivas, passando pela capacidade cognitiva dos indivíduos em relação social (que era a concepção de Hegel de sociedade civil), até a etapa seguinte, na esfera da universalização jurídica (realizada no Estado), que fecharia o "sistema de eticidade", que Hegel via como o palco das lutas por reconhecimento. Ambos também registram a importância da psicologia social de George H. Mead (1967) para enfatizar a terceira dimensão proposta por esse autor, da solidariedade social, o que significa que o sujeito só pode se autoafirmar no meio social quando passa a fazer parte de uma comunidade jurídica. Para Mead, é a passagem dos "outros significativos", ou seja, da sociabilidade mais próxima no âmbito das relações familiares, para o "outro generalizado": o desenvolvimento do "Me" da autorrealização individual, que necessita ser construído com as convicções axiológicas da coletividade.

E essa ampliação para o "outro generalizado" de que fala Mead, vale dizer, a liberdade individual que se realiza no social para a construção da solidariedade social mais ampla, é o ponto de partida de ambos para a construção da solidariedade. Mas quais são as diferenças axiológicas de Taylor e Honneth? Como traduzem os "outros significativos" de que fala Mead, e que ambos apontam como conceito fundamental para a realização da solidariedade num sentido ampliado para o acordo social mais justo?

Charles Taylor (1994), cujo pano de fundo para sua análise é o multiculturalismo canadense, ressalta a importância da *identidade* no processo relacional para se chegar ao acordo ampliado de sociedade. Para o autor, essa identidade só pode ser construída no processo *relacional*, em constante negociação pelo diálogo com outros e nunca de forma isolada. Vale dizer, o ideal da identidade construída interiormente só pode ser realizado em relações dialógicas. E para entender a questão da identidade nas democracias modernas, Taylor traz a discussão sobre a ideia de *autenticidade* que cada indivíduo pode desenvolver nessa construção, o que significa a possibilidade de escolhas para a afirmação de seu próprio *self*. Mas para que isso pudesse ocorrer, foram fundamentais as mudanças ocorridas nas democracias ocidentais modernas. E aponta duas premissas básicas: a) quando a noção de *dignidade* dos indivíduos entra no lugar da honra; b) quando a ideia de igualdade de direitos tem de contemplar a ideia da *diferença*.

Assim, a política da igual dignidade, condição básica para a fruição de direitos e garantias individuais, tem de vir junto com as políticas de diferença, cuja base é a identidade singular de indivíduos e grupos. Se tal distinção não é considerada, a ideia de igual dignidade pode ser ignorada ou ficar subsumida pela identidade dominante. Tal processo remete à segunda mudança apontada por ele, acerca do estatuto dos direitos de cada cidadão, que traz embutida a ideia da *diferença*. Isso se dá pela potencialidade da noção da igual dignidade, que tem na sua base a ideia de *respeito*. Isso quer dizer que igual dignidade deve vir equacionada com respeito mútuo para que formas de desigualdade na fruição de direitos, potencial de mudanças nos movimentos sociais contemporâneos como os movimentos negros e feministas, sejam apontadas.[12]

Esse é um percurso inicial similar ao formulado por Honneth, que parte também das relações subjetivas e da universalização jurídica como o caminho para a construção da terceira esfera, a da solidariedade. Lançando mão da tipologia de Marshall sobre a construção dos direitos humanos, Honneth

---

[12] Estou trazendo os conceitos fundamentais elaborados por Taylor, mas ver *The politics of recognition* para uma bela análise da construção da ideia de individualismo nas sociedades modernas, quando Taylor faz um percurso fascinante desde Rousseau, Kant, Hegel a Rawls, Dworkin e Habermas.

enfatiza que cada nova fase de afirmação jurídica do Direito vai resultar igualmente em novas lutas de ser membro da comunidade de valores. Mas, na tradição da análise crítica a que se propõe, as várias formas de *desrespeito* assumem dimensão crucial, quando o *status* de uma pessoa de direito fica apenas no plano formal. Assim, Honneth traz a questão dos conflitos sociais para o centro da análise, que se traduzem em lutas por reconhecimento social e que passam a ser o motor das mudanças sociais. E é essa dimensão emancipatória das lutas por reconhecimento o elemento central de sua teoria crítica, e que é o cerne da perspectiva crítica defendida aqui.

São conhecidas as estruturas das relações sociais de reconhecimento de Honneth e de que maneira suas formas de realização se dão nas esferas do amor/afeto, das relações jurídicas e da comunidade de valores. São três dimensões importantes para que seja possível verificar a simetria nas relações entre os indivíduos, simetria que para Honneth significa que "todo sujeito recebe a chance, sem graduações coletivas, de experienciar a si mesmo, em suas próprias realizações e capacidades, como valioso para a sociedade" (2003, p. 211). Na mesma linha de Taylor, Honneth vê nessa simetria a possibilidade de ser realizada a solidariedade social, isto é, quando deve haver o reconhecimento das diferenças e respeito para sua realização. E, assim como Taylor, Honneth parte da análise de Mead acerca do importante momento da saída da solidariedade entre os mais próximos, os outros significativos, para a solidariedade com grupos sociais não conhecidos, os outros generalizados. É nessa passagem que se pode dar o reconhecimento de ser membro da comunidade de valores e ser capaz de se atingir a paridade mínima necessária para fazer parte da comunidade política no usufruto real dos direitos humanos.

Mas são as formas de desrespeito formuladas por Honneth nas três esferas – do afeto, dos direitos e da comunidade de valores – que podem justificar o nexo entre desrespeito moral e luta social. Reagindo contra as análises sociológicas que dominaram desde a Escola de Chicago para a análise dos conflitos sociais, centradas na questão do interesse e da distribuição desigual das oportunidades materiais, Honneth vai defender uma teoria que traga para a análise da luta social a questão dos "sentimentos morais de injustiça e não de interesses dados" (2003, p. 256). E para não ficar na dimensão ideal-típica dessas lutas, lembra ainda que as três estruturas das relações sociais do reconhecimento não podem ser tratadas abstratamente, pois precisam de um *conflito* inscrito nas *experiências* para que se possa formar a base de um movimento coletivo. Mas o sentimento de injustiça que move um movimento social precisa ainda de três outros elementos: livrar-se da violência material e simbólica, quando sai do nível da neutralidade imposta pelos diversos padrões de dominação; ter a consciência do que é a questão central de sua luta; e ter em mente a difícil equação entre ideias gerais e experiências pessoais. E é nesse ponto que Honneth vê a possibilidade de uma "ponte semântica" entre o desrespeito experimentado pelo indivíduo e a construção de identidades coletivas nos movimentos sociais:

> Sentimentos de lesão dessa espécie só podem tornar-se a base motivacional de resistência coletiva quando o sujeito é capaz de articulá-los num quadro de interpretação intersubjetivo que os comprova como típicos de um grupo inteiro; nesse sentido, o surgimento de movimentos sociais depende da existência de uma semântica coletiva que permite interpretar as experiências de desapontamento pessoal como algo que afeta não só o eu individual, mas também um círculo de muitos outros sujeitos. (2003, p. 258)

Essa citação sintetiza bem o que se está enfatizando sobre a importância dos novos *frames* de ação coletiva e da necessidade das redes de "muitos outros sujeitos". E se relacionarmos as formas de desrespeito analisadas por Honneth no que se refere ao ideal normativo dos direitos civis, políticos e sociais, vemos o quanto é importante para a compreensão do momento em que os indivíduos que sofrem as formas de desrespeito nas relações primárias (para a construção de sua autoconfiança), nas relações jurídicas (quando se logra o autorrespeito) e na comunidade de valores (para conquistar sua autoestima), e o que cada uma dessas dimensões *pode* implicar nas lutas por reconhecimento. Os novos *frames* ajudam muito a entender o momento em que os indivíduos logram sair da ação paralisante das formas deformadas ou errôneas de construção das relações sociais. Sua pergunta de fundo é: "como a experiência de desrespeito está ancorada nas vivências afetivas dos sujeitos humanos, de modo que possa dar, no plano motivacional, o impulso para a resistência social e para o conflito, mais precisamente para uma luta por reconhecimento?" (Honneth, 2003, p. 214). Ressalte-se aqui a importância da *experiência* vivida para que tal impulso possa se realizar: a experiência ligada à *consciência,* ambas traduzidas em novos esquemas interpretativos é, para o autor, a base motivacional da resistência coletiva, construída sempre em processo relacional.

 E Honneth defende ainda que é o processo de *engajamento social* que pode fazer com que os indivíduos fiquem em condições de recuperar algo da autoestima perdida, fazendo com que seus participantes consigam alcançar "uma espécie de estima mútua" (2003, p. 260) para a construção de redes de associação. Trata-se de um processo de *aprendizado social,* no qual são elaborados novos esquemas interpretativos para a colocação de determinado conflito na esfera pública, que passa pela ampliação do reconhecimento na sua dimensão moral. Como já analisado aqui, é a "liberação cognitiva" (McAdam, 1982) para o momento em que se dá o engajamento dos atores em movimentos sociais, isto é, a construção do ator social *em processo.* Os argumentos precisam ser construídos em novos esquemas interpretativos enquanto o movimento se desenvolve e se consolida, resultando para os atores tanto em processo de aprendizado social emancipatório, quanto em possibilidades de organização de formas de resistência. E sempre na dimensão relacional.

E é nesta última dimensão, aponta Honneth, na diferenciação dos padrões de reconhecimento e na liberação do potencial interno do conflito, que está o impulso para as lutas sociais: quando o reconhecimento jurídico e a consciência de estima social geram formas coletivas de resistência: "(...) preparado por semânticas subculturais em que se encontra para os sentimentos de injustiça uma linguagem comum, remetendo, por mais indiretamente que seja, às possibilidades de uma ampliação das relações de reconhecimento" (2003, p. 267).[13] E o que deve estar sempre presente na sua concepção é o ideal normativo em que *valores* possam ser o fio condutor das lutas sociais por *direitos*. Aqui reside a questão central da teoria crítica da tradição da Escola de Frankfurt: ter no horizonte o ideal de emancipação das desigualdades existentes.

A compreensão do momento em que um movimento social pode surgir é ponto central nas contribuições de Honneth e de Taylor: para o primeiro, os processos construídos em relações intersubjetivas logram alcançar a ampliação do ideal normativo nas três dimensões para a vida social; para o segundo, no caráter dialógico entre identidade e reconhecimento, quando a linguagem assume função primordial para a expressão de novas formas de se posicionar no mundo. Ambas têm enorme validade heurística para se entender a emergência de vários movimentos sociais brasileiros, na medida em que não deixaram essa discussão num plano ideal típico da comunidade de

---

[13] Para Honneth, as formas de desrespeito na esfera do afeto trazem maus-tratos e violação; na dimensão do reconhecimento jurídico, trazem exclusão e privação de direitos; na comunidade de valores, levam à ofensa e degradação.

valores, visto que sinalizam para as formas de *desrespeito*, isto é, a não realização das formas de reconhecimento como a chave para as mobilizações sociais.

E cabe a pergunta: como a questão do reconhecimento feita por ambos pode ajudar na análise que está sendo feita aqui? Trazendo a questão para os movimentos analisados, o processo fraturado para a inclusão do negro na vida republicana e o não reconhecimento de indivíduos de igual valor no que tange à ausência de políticas de moradia digna significaram a autoestima não adquirida, o autorrespeito não reconhecido no ordenamento jurídico e, consequentemente, a dificuldade de se construir a ponte semântica de que fala Honneth. Assim, as práticas democráticas que se estabelecem no Brasil nessa década ajudam tanto na construção das pontes semânticas defendidas por Honneth, quanto na construção do ideal de autenticidade de que fala Taylor.

Mas não se pode travar essa discussão sem incluir a importante contribuição de Nancy Fraser acerca da relação intrínseca entre reconhecimento e *redistribuição*. No debate travado por ela e Honneth, a autora enfatiza que, de uma perspectiva crítica, é preciso sempre analisar as conexões ocultas entre redistribuição e reconhecimento. Analisar os subtextos culturais embutidos nos processos econômicos e os subtextos econômicos subjacentes às práticas culturais. Fraser defende que se tratem todas as práticas nas suas dimensões econômicas e culturais de forma simultânea, numa abordagem que ela define como "perspectival dualism", uma vez que as dimensões econômica e cultural estão sempre fortemente imbricadas.

No debate travado com Fraser, Honneth rejeita a diferenciação entre "simbólico" e "material" feita por Fraser, e defende a tese de que a teoria crítica atual deve estar ancorada em uma teoria do reconhecimento que seja analisada em distintos níveis para que possa ser estabelecido o elo entre as causas sociais de sentimentos generalizados de injustiça com os objetivos normativos de movimentos emancipatórios. Assim, ao se orientar por demandas normativas, a teoria crítica não pode se ater aos movimentos sociais existentes, como critica em Nancy Fraser. Ao propor uma "fenomenologia das experiências de injustiça social", quer ir além da dimensão dos movimentos sociais existentes, com o intuito de ver as formas ainda *não articuladas* do descontentamento social e do sofrimento. Defende, portanto, que sejam levadas em conta as expectativas normativas dos sujeitos, vale dizer, ver de que modo a questão da violação das expectativas postas e asseguradas na sociedade como um todo não contemplam grupos específicos. Assim, a análise deve ter como ponto central o fundo normativo para todos os grupos sociais que se encontram não reconhecidos: "If the adjective 'social' is to mean anything more than 'typically found in society', social suffering and discontent possess a *normative* core" (Honneth, 2003b, p. 129).[14]

A aposta de Honneth é, portanto, na importância desse ideal normativo revolucionário que pode levar a duas esferas completamente distintas: a) o indivíduo passa a ter a *possibilidade* de ser respeitado como igual a todos os outros membros da sociedade num processo de autoestima construído, saindo da ação paralisante das situações de injustiça; e b) a questão dos direitos fornece motor para as novas lutas por reconhecimento. Não é por outra razão que Honneth, ao discordar de Fraser, defende a importância desse ideal normativo que vai levá-lo a uma aproximação com Taylor; defende ainda que os valores culturais na constituição da esfera econômica e que as formas de desrespeito são as bases de todos os conflitos sociais. E a gramática moral daqueles conflitos que giram em torno de

---

[14] Ver *Redistribution or Recogniton – a Political-philosophical Exchange* para o excelente debate entre os dois. Honneth avança no seu próprio conceito e aponta que as esferas do reconhecimento, em especial a questão da realização na comunidade de valor, foram construídas de forma ideológica desde sua base, uma vez que as classes não dispõem dos mesmos recursos materiais.

questões de políticas de identidade em estados democráticos deve ser guiada pelo reconhecimento do princípio da igualdade legal, sendo expressões da expansão da luta pelo reconhecimento legal, centro da ética política. Na sua teoria da justiça, os três princípios do reconhecimento – o pessoal, o legal e o social – têm de estar contemplados para a realização da constituição moral da sociedade.

A discussão sobre reconhecimento é importante para o argumento construído na presente análise porque tem poder explicativo para o entendimento do processo da redemocratização brasileira ao longo da década de 1990: o ideal normativo dos direitos ajuda a compreender o momento em que os indivíduos começam a se orientar pelas formas de desrespeito sofridas e, a partir de suas experiências vividas, se organizam em vários grupos sociais na luta pelo reconhecimento de suas demandas. É o processo em que os direitos passam a incluir a importância da autenticidade na construção de novas identidades. Tais processos são relacionais e se realizam nas redes criadas em torno delas. Foram várias as demandas que se organizaram, canalizadas em movimentos, fóruns, ONGs e redes de associações, impactando profundamente a esfera pública. Nos dois movimentos analisados, foram demandas tanto na chave mais predominante da redistribuição, como no caso dos movimentos de luta pela moradia, quanto na chave do reconhecimento, das formas "errôneas", como definiu Taylor o não reconhecimento das novas lutas de grupos específicos.

E a década de 1990 era o momento propício: como registrou Scherer-Warren (2007), havia intensa articulação entre os movimentos sociais – as pontes semânticas de Honneth – numa complexidade temática percebida nos vários fóruns: de mulheres negras, da reforma agrária, de entidades nacionais de direitos humanos, em defesa dos povos indígenas, das populações ribeirinhas, dentre tantos outros, além do Fórum Social Mundial, que teve sua primeira edição em 2001 e vai significar a reunião dessas várias lutas. O pano de fundo eram as formas desiguais construídas até então, que assumem novas articulações de sentimentos de experiências de injustiça social em "lutas por reconhecimento".

Assim, essa década pode ser traduzida pela consolidação das ações da sociedade civil. A revitalização da sociedade civil de que se falava a respeito da década de 1970 vai chegar a uma fase de dinâmicas sociais inovadoras e que são construídas nas próprias práticas democráticas. Foi o momento em que a exclusão social e a desigualdade possibilitaram novas ações em rede, encontrando ressonância nos governos democráticos. A eleição de Lula em 2002, pelo PT, traduziu esse momento de mudança de orientação mais efetiva, como será visto no próximo capítulo.

CAPÍTULO 4

2003 – Novos arranjos na construção da cidadania

Até aqui foi feita uma linha do tempo por décadas para traçar o percurso da redemocratização do país, mas este capítulo não vai se iniciar na virada de 2000, pois a eleição de Lula, em 2002, trouxe novos arranjos institucionais com a promessa de maior fruição de direitos. Sua posse, em 2003, sinalizou a chegada ao poder de um partido cuja marca de origem eram as organizações de base, construídas nos sindicatos, Igreja, academia, movimentos sociais e em outras organizações da sociedade civil. Chegava ao poder um partido com orientação política voltada para a solução das questões sociais do país, que trazia mudança dos grupos hegemônicos para sua atuação, e o deslocamento para nova cultura política, simbolizada na figura do próprio Lula, liderança sindical carismática que logrou o consenso necessário para sua eleição depois de vários compromissos assumidos com o mercado e os partidos hegemônicos. Representava a possibilidade de extensão de direitos para grupos anteriormente excluídos do acordo social, num caminho promissor para maior fruição de direitos, para o reconhecimento da legitimidade de novas demandas e para a inclusão de grupos antes à margem.

Novamente serão privilegiadas na análise que segue algumas das dinâmicas sociais desse processo, quando serão enfatizadas as dimensões políticas e culturais que o novo governo democrático trazia. Não se está defendendo aqui que houve um processo de ruptura. Afinal, as conquistas institucionais realizadas desde a redemocratização do país seguiam seu caminho e os processos de concertação social iam se solidificando. Havia, no entanto, novo otimismo no ar com a eleição de um presidente de partido cuja forma de fazer política era a participação social. A aposta era na mudança que pudesse significar formas efetivas de maior equidade no acordo social do país, pese a convivência com a antiga cultura política de sempre no processo complexo do mudar/conservando. As demandas já haviam sido anunciadas e articuladas na década anterior e a tarefa era a de encontrar caminhos para sua realização. Para isso, era preciso tanto o reconhecimento da legitimidade das demandas de minorias e de grupos anteriormente invisibilizados, quanto a formulação de políticas públicas efetivas para se lograr a maior fruição de direitos. A discussão feita no capítulo anterior acerca da fruição de direitos, sobre novas formas de solidariedade e a respeito da luta por reconhecimento encontram, assim, formas renovadas de organização. Mas cabem as perguntas: como se organizaram tais formas? Quais foram as mudanças efetivas para atacar o quadro perverso da desigualdade estrutural do país? Havia nova política em curso? As ambiguidades ressaltadas anteriormente começaram finalmente a ser rompidas? As pontes semânticas ressaltadas por Honneth encontraram novos caminhos? Como conciliar as demandas em curso por maior redistribuição da riqueza da nação com as políticas neoliberais predominantes no capitalismo global?

Para responder a essas perguntas, e resguardando a linha da teoria crítica, com a preocupação de ver os subtextos postos nas várias formas de desigualdade social estrutural do país, vão ser privilegiadas três questões: a) como o protagonismo da sociedade civil, em especial os movimentos sociais existentes encontraram um Estado mais poroso no governo que se iniciava com formas inovadoras de atuação junto com as tensões aí produzidas; b) como políticas efetivas trouxeram uma mudança estrutural na esfera pública, com ênfase no acesso ao ensino superior público nacional; c) quais os sentidos dados para as mobilizações que surgiram a partir de 2013, e quais configurações começaram a se organizar a partir de então com o golpe parlamentar até o processo de impeachment de Dilma Rousseff, em 2016.

Continua a ser ressaltado no que segue que as dinâmicas sociais que estavam em construção na década anterior trouxeram o pedido de mudança em dois níveis, o cultural e o político no seu sentido mais amplo, e que os processos em curso refletiam não só demandas concretas por fruição de direitos não contemplados, mas também a mudança de padrão cultural para que tais demandas pudessem ser realizadas. Era, enfim, chegada a hora da radicalização da democracia que viesse questionar as "desigualdades duráveis", como definiu Charles Tilly as desigualdades de classe, raça e gênero? Houve a possibilidade de consolidação de padrões culturais capazes de aprofundar o processo de ampliação da democracia? Inicialmente foi o momento de se pensarem políticas públicas que marcariam uma guinada efetiva, contemplando as demandas dos vários grupos sociais organizados. Como enfatizou Touraine (2007), as liberdades individuais levam a formas inovadoras de *subjetivação* que se traduzem na emergência dos novos atores protagonistas de movimentos sociais. Essa foi a dinâmica social em curso: atores sociais que se organizavam em torno de novas subjetividades encontraram em 2003 novos espaços para suas demandas, criando, por sua vez, campos de disputa na relação com o Estado.

Sociedade civil em novas formas de atuação junto ao Estado

Quando Lula assumiu, em 2003, encontrou várias formas de organizações da sociedade civil consolidadas: ONGs, movimentos sociais e outras instituições da sociedade civil que ajudaram a pautar as demandas que vinham sendo colocadas desde a redemocratização. As organizações da sociedade civil, que surgiram com força na década anterior, encontram novos canais de articulação com o Estado e com outras organizações. O Estado, por sua vez, logo possibilitou a ampliação da participação desses atores, destacando-se a criação de fóruns e conselhos com maior representação da sociedade civil organizada, de secretarias especiais e interlocução com sindicatos e movimentos sociais, dentre outros. Foi dada a partida para formas de interlocução inovadoras no que se refere ao reconhecimento das várias redes existentes na sociedade civil, cujos protagonismo e atuação já eram evidentes desde a década anterior. Destacavam-se então associações que se organizavam em níveis locais e até nacional, em torno de demandas específicas, como as várias organizações de mulheres, e de mulheres negras, os movimentos LGBT, os povos originários, os sem-terra, as populações ribeirinhas, além de organizações que denunciavam o trabalho infantil, o trabalho escravo, a concentração fundiária, a violência urbana e no campo, os ataques ao meio ambiente, em especial o desmatamento no Cerrado e na Amazônia. Isso sem falar das várias organizações de direitos humanos, cujo *ethos* de atuação era em torno da denúncia dos diversos casos de infração aos direitos mais fundamentais, em especial no que se refere às formas de violência perpetradas a grupos não reconhecidos como de igual valor. Assumiram especial importância para essas denúncias os vários organismos multilaterais de *advocacy* que atuam em redes transnacionais.

Em síntese: era tanto a luta pela igualdade, mas agora na chave da *equidade*, ou seja, na busca por justiça social, quanto pelo direito à *diferença* em lutas específicas que pediam políticas públicas que contemplassem o pluralismo da sociedade brasileira. Os desafios eram imensos: os indicadores sociais produzidos pelo Censo de 2000 traduziam o tamanho das desigualdades sociais na interseccionalidade de grupos específicos no que diz respeito à classe, raça, gênero, faixa etária, região. O Brasil continuava com baixíssima escolaridade, com déficits vergonhosos no que se refere ao acesso à saúde, à moradia, ao saneamento e, ainda, à educação, com índices alarmantes de evasão escolar e analfabetismo funcional. Devido às desigualdades regionais, levas de pessoas continuavam a chegar aos grandes centros urbanos à procura da oferta mínima de serviços essenciais.

E qual era o retrato das mazelas sociais segundo o Censo? Pese os expressivos avanços desde a década anterior no tocante à universalização da entrada no sistema escolar, eram grandes os desafios: havia 28% abaixo da linha da pobreza, ainda eram 13,6% de analfabetos e 60% não completavam o ensino médio. E essa desigualdade continuava a ter cor, como demonstraram as pesquisas de Carlos Hasenbalg e Nelson do Valle Silva (2003) ao explorar as desigualdades sociais nas chances de transição dentro do sistema escolar brasileiro a partir dos dados da PNAD de 1999: as diferenças dos capitais econômico, cultural e social são evidentes e persistentes entre os brancos e os pretos/pardos, e são determinantes para as trajetórias individuais. Houve aumento da escolaridade, sim, entre os censos de 1990 e 2000, mas as desigualdades no que se refere à cor permaneciam sempre em linhas paralelas, como linhas de trem.[1]

Em suma, tinha chegado a hora de se pensar no Brasil profundo e ver como atacar as desigualdades estruturais do que vem sendo analisado aqui na nossa história republicana. Não era tarefa fácil: havia outro Brasil profundo, conservador, que estranhava as novas ideias em torno dos direitos humanos e da redistribuição. A tensão estava posta: de um lado, estavam tanto a orientação econômica voltada para as regras do mercado a regular todas as esferas da vida quanto setores conservadores que não demonstravam especial apreço pela questão da equidade; de outro, as demandas reprimidas que se expunham no processo de cobrar os direitos não contemplados. O momento não foi mais tenso porque as condições econômicas da década de 2000 se mostrariam mais favoráveis para o país.

---

[1] Ver *Origens e destinos* (2003), livro organizado pelos autores com excelentes análises sobre as diversas formas de desigualdades sociais no Brasil.

Foram muitos avanços na redistribuição, com a saída de milhões da linha da pobreza, mas os avanços relativos às reformas sociais deixaram intocadas as bases em que se assentava um acordo societário estruturalmente desigual, com a redistribuição comprometida por um sistema tributário injusto e com muitos subsídios para os "donos do poder" de sempre. Houve, sim, avanços formidáveis em relação ao marco regulatório dos direitos humanos, das leis ambientais, ou ainda da proteção de minorias, mas em constante tensão com as leis que esvaziavam esse mesmo marco. É a "confluência perversa", descrita por Evelina Dagnino (2004) para entender as tensões surgidas entre as demandas sociais trazidas com a redemocratização, que tinham de ser equacionadas com um projeto econômico centrado no mercado, cuja regulação não comportava tais demandas.

De qualquer forma, surgiu um novo "ativismo institucional", como analisa Rebecca Abers (2014) as articulações entre organizações da sociedade civil e movimentos sociais com o Estado mais poroso a suas demandas. Para a autora, houve nova interação "criativa" entre Estado e sociedade, com lideranças de movimentos sociais assumindo cargos na administração federal e atuando "por dentro" do Estado no que chamou de "política de proximidade". Essa interação já existia no governo FHC em um processo de mão dupla, mas a partir do governo Lula as relações institucionais se aprofundam. Para analisar melhor os processos de institucionalização desses atores, pode-se falar em "mútua constituição", como propõem Adrian Lavalle, Euzeneia Carlos, Monika Dawbar e José Szwako (2019), que trazem pesquisas acerca dos novos "encaixes" e sobre as articulações verificadas com os governos democráticos desde a década de 1990, o que ajuda a entender as novas relações entre Estado e sociedade civil desde então. Pode-se argumentar que tal protagonismo tenha sido anterior, pois desde a década de 1980 movimentos sociais atuavam junto às secretarias estaduais de alguns estados. Mas, com a consolidação democrática, estava colocado o cenário para arranjos institucionais mais amplos em nível nacional. Esses encaixes institucionais são resultantes das interações dinâmicas entre atores em disputa na relação com o Estado e no desenho de novas instituições, no que os autores vão chamar de "domínios de agência", vale dizer, o êxito de os atores lograrem esferas de atuação em relação direta com o Estado no momento em que ganham legitimidade para suas demandas.[2]

Mas como a ênfase aqui proposta está nas novas dinâmicas sociais a partir do ator social e como estas conseguem trazer demandas mais amplas para a construção de outros esquemas interpretativos, pode-se dizer que havia novo otimismo no ar com a chegada do grupo político que passou a comandar desde o planalto central várias promessas de mudança. O ano de 2003 representou, assim, ponto de inflexão para o que foi enfatizado acerca da nossa modernização autoritária e excludente, com um Estado a partir de então mais poroso às demandas sociais. Pode-se mesmo dizer que surgiu outra dimensão do Estado, promotor de políticas públicas que atacassem nossas desigualdades persistentes. As demandas eram várias, já articuladas a partir da década de 1990, e Lula soube entender esse momento, com a criação de novos ministérios, como o das Cidades, para lidar com a premente questão urbana, em especial a moradia nos grandes centros, ou o da Cultura, com nova ênfase nas formas de organização cultural endógena e valorização da arte popular nos pontos de cultura.[3]

Entre as formas inovadoras pensadas pela gestão de Lula, pode ser destacada a criação de três secretarias especiais, cujo

---

[2] Ver o livro organizado pelos autores, *Movimentos sociais e institucionalização*, para excelentes análises de experiências concretas em vários estados da federação.
[3] Não se trata de fazer um inventário dos vários projetos concebidos pela gestão Lula visando à ampliação de serviços para as classes populares. Apenas algumas iniciativas serão ressaltadas.

objetivo era pensar em políticas públicas de forma horizontal em áreas que pediam soluções urgentes: a Secretaria pela Promoção da Igualdade Racial (SEPPIR), a Secretaria de Juventude e a Secretaria de Mulheres foram criadas para atuarem transversalmente nos vários setores do governo, na implantação de medidas fruto de diálogo com grupos organizados, visando à concepção de políticas públicas que fossem resultados do movimento de mão dupla entre Estado e sociedade civil. Se a ideia inicial era a promoção de maior diálogo entre os grupos de mulheres, de jovens e da população afrodescendente, o desafio estava posto para que tais medidas significassem não só ampliação de participação numa redefinição de cultura política, mas também para a ampliação de direitos de três grupos com marcadores sociais mais vulneráveis. Essas temáticas já se encontravam abrigadas no Ministério da Justiça, na Secretaria de Direitos Humanos criada na gestão de FHC, mas, com a criação de três secretarias especiais, elas assumiram a autonomia necessária para a formulação de projetos transversais e uma atuação mais efetiva.

A SEPPIR foi a primeira secretaria criada, em 2003, para tratar especificamente da promoção de maior igualdade racial. Foi a continuação de lento processo que vinha trazendo a questão da desigualdade racial como variável independente desde a década anterior. Como visto no capítulo anterior, houve o reconhecimento formal pelo então presidente FHC da existência do racismo; houve as reuniões preparatórias para a Conferência de Durban de 2001, na África do Sul, quando lideranças de movimentos negros e de organizações da sociedade civil puderam formatar novos *frames* de ação coletiva no que diz respeito à desigualdade racial brasileira nas suas várias formas de racismo e discriminação; houve os relatórios do Ipea, que, desde 1999, apontavam que a desigualdade social brasileira tinha cor; houve ainda o Censo de 2000, com indicadores contundentes relacionados à falta de acesso da população pobre aos direitos sociais mais essenciais. Entre os pobres, com quase 70% à época, estava a população negra. Naquele momento, lideranças dos vários movimentos negros encontraram outros espaços de participação, especialmente através do Conselho Nacional de Promoção da Igualdade Racial (CNPIR), cujo objetivo era a concretização de projetos efetivos na luta pela igualdade racial, com foco específico na população negra, grupo invisibilizado desde sempre, que sofria os efeitos deletérios da escravidão e do mito da democracia racial.

A SEPPIR e o CNPIR representavam esses espaços de atuação, em interlocução com os movimentos, com a academia e com os outros ministérios, trazendo algumas das questões que haviam sido formatadas em consensos construídos desde a redemocratização sobre as relações raciais no país. Ganharam assim concretude os espaços comunicativos analisados por Habermas, que enfatiza a importância das redes construídas pelos movimentos sociais para a construção de novas arenas discursivas. Eram novos saberes e aprendizados numa dinâmica institucional que trouxe interlocuções e ambiguidades. Foram também várias as tensões e as frustrações com o Conselho: houve resistência por parte de vários movimentos sociais, houve a constatação da pouca eficácia da participação, e, ainda, o ressentimento de que os projetos vinham prontos da SEPPIR, mas, de qualquer modo, a chegada de lideranças negras para a atuação na esfera do Estado tornou evidente o reconhecimento de sua legitimidade na produção de saberes pelos próprios atores e criando espaços de interlocução entre as redes existentes.[4]

A Secretaria de Políticas para Mulheres (SPM) foi criada pela Lei 10.683 de 2003, quando saiu do âmbito do Ministério

---

[4] Para as tensões e dinâmicas surgidas com a SEPPIR e CNPIR, ver o artigo de Sonia Giacomini e Paulo Terra (2014), que traz pesquisa feita com várias lideranças que participavam do Conselho.

da Justiça para que questões referentes a gênero pudessem ser tratadas transversalmente no contato com organizações sociais. A SPM também incorporou o Conselho Nacional dos Direitos da Mulher (CNDM), que existia desde a década de 1980, mas com maior representação das organizações sociais a partir de então. Como analisam Anelise Guterres, Adriana Vianna e Silvia Aguião (2014), a criação da SPM em 2003 logrou maior representação de mulheres no CNDM.[5] Mas como atuavam? Além da produção de pesquisas sobre gênero, que versavam sobre a discriminação no mercado de trabalho, passando pelas discussões sobre as formas de violência perpetradas contra a mulher, até a questão mais ampla no tocante a seus direitos, tanto a Secretaria quanto o Conselho proporcionaram novos espaços, quando a necessidade de preencher o vazio de um conselho criado sem a participação dos vários grupos de mulheres da sociedade civil organizada se fez presente. Certamente os problemas não estavam resolvidos como num passe de mágica, mas novos mecanismos de "ativismo institucional" estavam criados.

Segundo pesquisa feita pelas autoras em 2014, com participantes da Secretaria e do Conselho, várias questões foram levantadas: a) dificuldade do acesso aos recursos; b) problemas com os espaços de atuação; c) a fluidez das fronteiras nas suas atuações a partir do momento em que começaram a ter maior interlocução com o Estado, até a sensação de perda de autonomia ou de "cooptação". Mas foi inegável a avaliação de que foram instâncias de socialização, de trocas de vivências de suas atuações e de conhecimentos produzidos. Eram expressões de mulheres, de mulheres negras, de mulheres camponesas, de mulheres indígenas. Pode-se dizer que as tensões sur-

---

[5] Ver o artigo das autoras, "Percursos, tensões e possibilidades de participação de movimentos de mulheres e feminista nas políticas governamentais para a descrição", documento importante ao trazer pesquisa de campo com várias mulheres participantes do Conselho.

gidas foram fruto mesmo das novas interlocuções, das novas produções de conhecimento de mulheres que estudavam, que se organizavam em redes e conseguiam formatar esquemas interpretativos que consolidariam tanto as organizações locais, quanto as redes formadas. Foram redes em movimento que atuaram até 2016, momento em que esses espaços começaram a ser desarticulados com a saída do PT.

Outra secretaria, criada na mesma linha pela Lei 11.129, de junho de 2005, tinha foco em políticas pensadas para a juventude (jovens entre 15 a 29 anos), com o objetivo de se pensar políticas para lidar com questões específicas dessa faixa etária. Também foi criado o Conselho Nacional da Juventude (Conjuve). Como as outras secretarias, a Secretaria tinha como objetivo enfrentar os desafios da desigualdade estrutural num grupo tão vulnerável como o dos jovens. Os desafios eram imensos e frutos da desigualdade persistente da nossa república, mas em um grupo que se apresentava mais vulnerável à violência policial, à falta de qualidade da educação escolar formal, à dificuldade de inserção no mercado de trabalho, além de todas as questões oriundas das várias formas de discriminação e racismo. A tarefa era árdua: a promoção de direitos das várias juventudes brasileiras. Como salienta Regina Novaes, que esteve à frente da Secretaria por vários anos, durante seus anos de existência houve vários processos de aprendizado para os jovens, que puderam ser percebidos entre os períodos de realização das duas conferências nacionais de juventude. A primeira, em 2009, significou o momento de levantamento de pautas mais gerais, que estavam sendo articuladas por várias organizações juvenis em torno de educação, meio ambiente, cultura, trabalho ou educação superior; a segunda, realizada em 2011, trazia a ideia de jovens sujeitos de direitos de forma mais específica e complexa, uma vez que havia trajetórias entrelaçadas e identidades múltiplas: o ser jovem podia ser o jovem negro, negro de periferia, a feminista, o ativista de grupos LGBT, ou ligados às pastorais ou aqueles às religiões afro-brasileiras, ou, ainda, o jovem rural.[6]

Certamente as tensões estavam postas, uma vez que as secretarias atendiam aos grupos de negros, de mulheres e de jovens que já tinham algum nível de organização e que aceitavam a interlocução com o Estado. Mas sua criação evidencia o que está sendo defendido nesse livro: o entrelaçamento de construções coletivas é resultado mesmo das experiências de articulação vividas através das redes. É o processo de pedagogia cívica que vem sendo ressaltado aqui e vivenciado pelos militantes em seus próprios grupos. A ênfase que está sendo dada às secretarias especiais criadas a partir de 2003 traduz bem os novos arranjos advindos com a chegada do PT ao governo, em interação inovadora entre agência e estrutura. Foram redes de mobilização criadas quando as organizações da sociedade civil já atuavam de maneira cada vez mais consolidada. Era o Estado respondendo a demandas específicas da sociedade civil de forma horizontalizada e com possibilidade de maior participação. Havia grande vitalidade nas juventudes na periferia, simbolizadas pelas formas de expressão popular, ou ainda nas primeiras formações de coletivos autônomos apartidários, como o Movimento Passe Livre; havia formas crescentes de participação de mulheres na periferia, denunciando a tripla discriminação de ser pobre, mulher e negra; havia novas redes de militantes negros, nos formatos de coletivos nas universidades. Todos denunciando sua subalternidade nas formas autoritárias e violentas construídas no país, em processo de construção de "pontes semânticas" de que fala Honneth.

---

[6] Ver Novaes (2014), em "Movimentos, redes e novos coletivos juvenis" para a análise do processo em curso desde 2005. Em 2014 foi realizada a terceira conferência, depois de o Estatuto da Juventude ser aprovado em 2013.

São redes que "conversam" e se informam nos fóruns nacionais e nas conferências, como analisou Ilse Scherer-Warren (2007), mostrando a vitalidade da sociedade civil com o crescente sentimento de que era possível lutar por direitos. De uma perspectiva da teoria crítica que está sendo trazida, mostram ainda a questão da interseccionalidade no tocante às desigualdades conexas entre jovens, classe, raça e gênero. Patricia Hill Collins (2016), ao analisar a importância da interseccionalidade como ferramenta analítica para desvendar as várias camadas da desigualdade social, defende que a interseccionalidade é uma forma de análise crítica e da *práxis* cujo cerne é sempre a justiça social. De qualquer forma, a interação com os espaços institucionais eram espaços de aprendizagem e de produção de conhecimento.

Porque os espaços formais de educação ainda representavam enorme desafio nessa década. Os indicadores da desigualdade educacional entre os ensinos público e privado mostravam o quadro de tal perversidade. Em pesquisa realizada entre 2004 e 2009 com jovens das redes pública e privada de escolas do ensino médio da Cidade do Rio de Janeiro, pude constatar a grande distância social entre os jovens da rede pública de ensino e os colégios "de excelência" da rede privada. Enquanto os pais de mais de 80% da rede pública tinham escolaridade até o ensino médio (41% ensino fundamental e 39,7% ensino médio), na rede particular visitada era o inverso, com a escolaridade dos pais com ensino superior com mais de 80% (entre graduação e pós-graduação). E os alunos ouvidos tinham consciência do fosso educacional existente, uma vez que alunos das escolas particulares de ensino sabiam que "viviam numa bolha" e o sistema escolar não proporcionava diversidade entre os grupos.[7]

---

[7] Os dados da pesquisa foram publicados em livro organizado por mim: *Juventude, cultura cívica e cidadania* (2013), com análises da pesquisa quantitativa

Alguns dos itens de análise da pesquisa referiam-se à confiança nas instituições e aos medos sentidos pelos jovens. Apesar de várias semelhanças no que se refere aos medos em relação ao futuro, à confiança nas instituições e à percepção dos problemas nacionais, era clara a consciência dos jovens quanto às desigualdades de oportunidades que cada rede oferecia. O *apartheid* educacional de que se falava no primeiro capítulo ficou evidente quando, numa segunda etapa da pesquisa, foram feitos grupos focais: os jovens ouvidos tinham a consciência de que o sistema público de ensino não tinha nada de republicano e suas possibilidades estavam restritas às limitações de cada rede. Os jovens do ensino público ouvidos sabiam da precariedade de suas escolas, que não os preparavam para o vestibular, realidade muito distinta dos jovens dos colégios particulares, que viam a universidade como o caminho natural a ser percorrido. Quando a pesquisa entrou na rede pública do sistema federal de ensino (Pedro II) e dos colégios de aplicação (Uerj e UFRJ), ficou clara a proximidade dos vários tipos de capital – econômico, social e cultural – desses alunos com os alunos das escolas particulares visitadas.

Quanto aos dois movimentos ressaltados em capítulos anteriores – os movimentos negros e os movimentos de luta por moradia –, o ativismo institucional possibilitado pelos governos do PT significou novos ganhos de legitimidade em "domínios de agência" visíveis na atuação desses movimentos com o Estado. Para o movimento de luta pela moradia, o repertório utilizado foi o das ocupações de prédios vazios nas áreas centrais de grandes centros urbanos como Rio de Janeiro e

---

(1.000 questionários aplicados nas 24 escolas visitadas) e da pesquisa qualitativa, com a realização de 13 grupos focais nas mesmas escolas. O livro é o resultado dessa pesquisa, com a participação de meus orientandos de mestrado (Edilaine Andrade e Paulo Durán, e de iniciação científica da graduação, Júlia Ventura). Chamamos colégios "de excelência" porque é um termo "nativo", usado por alunos, pais e profissionais. Não foram visitados aqueles colégios que atendem a grupos mais seletivos ainda, as escolas internacionais bilíngues.

São Paulo, quando ganharam visibilidade os novos arranjos desse ator social – os sem-teto – que planejavam ação sistemática para mostrar as condições injustas de moradia nos grandes centros. A luta, no aprendizado construído desde a década de 1990, passou a ser o direito à cidade e aos serviços nela oferecidos, com a recusa de serem removidos para áreas onde "faltava tudo". Além do mais, significou a construção de nova subjetividade no processo de engajamento, como mostra Taísa Sanches (2018) ao comparar os movimentos sociais de luta por moradia nas cidades de Londres e Rio de Janeiro. A participação no movimento vai dando régua e compasso para a reivindicação de políticas, para a construção de repertórios de ação coletiva a partir das próprias experiências dos atores e dos repertórios disponíveis por outras ações coletivas, além de revelar as políticas perversas pensadas sobre remoções nos centros urbanos que passam por processo de gentrificação.[8]

Quanto ao movimento negro, a estratégia de ação pensada desde o final da década de 1990 em torno da demanda por educação superior ganha forma e incentivo de um governo preocupado com a promoção de maior inclusão social. A adoção de políticas de ação afirmativa no ensino superior pode ser considerada o momento em que a estrutura republicana incompleta do acesso à universidade ganhou apoio da estrutura do Estado. Afinal, havia vários pré-vestibulares para "negros e carentes" que possibilitava maior participação desse grupo nos exames de vestibular. A desigualdade social e racial do ensino superior passou a ser questionada, e, numa interação virtuosa entre atores diversos e Estado, significou mudança estrutural nas universidades públicas do país.

---

[8] Para a análise sobre os repertórios de interação entre movimentos sociais e governo Lula, em especial os movimentos de luta por moradia na sua maior inserção com o Estado, ver texto de Rebecca Abers, Lizandra Serafim e Luciana Tatagiba (2014).

Ação afirmativa no ensino superior

A história recente do acesso às universidades públicas e privadas no Brasil ilustra bem o que está sendo discutido a respeito das relações entre sociedade civil e Estado. Durante a década de 2000 houve a mudança sustentada na ampliação do acesso à educação superior nas universidades públicas do país, seja através da implantação da ação afirmativa, seja com a criação de políticas públicas que promovessem maior acesso às instituições privadas com o Programa Universidade para Todos (Prouni), de 2005, seja com o Programa de Reestruturação e Expansão das Universidades Federais (Reuni), de 2007, que contemplava maior dotação orçamentária para aquelas universidades que tinham políticas de diversidade e inclusão, seja ainda a Lei de Cotas de 2012, que implanta cotas nas universidades federais do país.

Foram medidas que visavam à abertura das universidades brasileiras a um contingente maior de alunos que então conseguiam completar o ensino médio, focalizadas especialmente em alunos de baixa renda. É uma história complexa e que mexe com questões até então pensadas como cláusulas pétreas, como a ideia do mérito na entrada à universidade, ou mesmo a própria instituição controversa que é o vestibular. Mas foram dez anos de mudanças e a história da adoção de ação afirmativa no ensino superior é exemplar para demonstrar a relação de mão dupla entre atores sociais e Estado. As demandas em gestação encontraram nos governos do PT espaços para a busca de soluções que mitigassem a equação perversa na oferta da educação em geral, e no acesso à universidade pública em particular. Essa equação injusta passava por dados contundentes no início da década de 2000: a universidade pública recebia em torno de 80% de seu alunado proveniente das escolas privadas, enquanto apenas 20% dos alunos de ensino médio das escolas públicas de todo o país tinham acesso à universidade pública.

O processo em curso refletiu as mudanças que vêm sendo registradas aqui com a volta à democracia. Como visto no capítulo anterior, a ideia de ação afirmativa no ensino superior passou a ser resultado da ação direta dos movimentos negros. A breve análise que segue está baseada nos dados da pesquisa "Monitoramento e Acompanhamento das Políticas de Ação afirmativa nas Universidades Públicas Brasileiras", projeto financiado pela Finep em dois momentos (2006 a 2008; 2009 a 2011), que registrou as mudanças que ocorriam então nas universidades públicas. Tais mudanças resultaram da confluência virtuosa de vários fatores: da ação dos movimentos negros; do desconforto que acadêmicos sentiam de estar numa universidade pública que atendia majoritariamente aos alunos egressos das melhores escolas de ensino médio do país (e em sua esmagadora maioria branca); da ação dos núcleos de estudos afro-brasileiros (Neabs), organizados nas duas décadas anteriores; além da discussão de projetos em alguns legislativos estaduais em torno das "cotas" nas universidades públicas estaduais. A pesquisa mostrou as modalidades de ação afirmativa adotadas pelas universidades estaduais e federais naquele período, além das reflexões de todos aqueles, chamados por nós de "gestores", que estiveram à frente da implantação das políticas de ação afirmativa (AA). Foram visitadas 20 das 71 universidades que já haviam adotado algum tipo de AA no momento inicial da pesquisa.[9]

Mas pode-se perguntar: como se deu esse processo? Desde o final da década de 1990, e em consonância com o que foi

---

[9] A pesquisa de campo foi finalizada em 2011. A partir de 2012 as universidades federais tiverem de pensar em políticas de inclusão para cumprir a Lei 12.711. Até aquele momento a adoção de AA dependia dos conselhos universitários das próprias universidades. O financiamento da Finep permitiu a primeira pesquisa de campo com as universidades que haviam implantado algum tipo de AA. Houve a preocupação de pesquisar universidades estaduais e federais que já tivessem três semestres de adoção de alguma política de ação afirmativa e que estivessem localizadas nas cinco regiões do país.

dito anteriormente sobre os novos atores dos movimentos negros, sobre a luta pelo reconhecimento de direitos, em especial à educação, estavam sendo pensadas políticas que pudessem interferir na seleção perversa do acesso ao ensino superior. Tal ideia foi materializada em 2002, quando foram implantadas políticas de cotas para alunos oriundos das escolas públicas, em decreto do então governador do Rio, nas universidades estaduais – Uerj e Uenf: contemplavam alunos de baixa renda oriundos das escolas públicas, alunos negros e de descendência indígena ou, ainda, com deficiência nessas universidades. A questão da "raça" já estava sendo debatida na academia, nas assembleias legislativas, na mídia ou, ainda, nas áreas governamentais, mas a adoção de cotas na Uerj e na Uenf gerou intensos debates na esfera pública. E não podia deixar de ser de outra maneira, uma vez que políticas de ação afirmativa significam, em última análise, não só tratar os desiguais de maneira desigual, provocando a quebra da ideia de "neutralidade estatal", como bem definiu Joaquim Barbosa (2001), mas também questionam o princípio republicano de leis iguais para todos. Esse foi um debate acirrado entre dois polos bem marcados: de um lado, o princípio de se pensar em leis que pudessem mitigar a produção da desigualdade social (e racial) brasileira, de outro, a manutenção de leis universais. A primeira ideia continha a defesa da igualdade substantiva e a promoção de maior inclusão, na segunda, a defesa da igualdade formal do espírito das leis.

E os espaços discursivos trouxeram grandes debates sobre a política "das cotas" a ser adotada e seus subsequentes problemas pautados, podendo-se dizer que houve uma *pedagogia* no processo. Tanto é assim que, em poucos anos, a ideia de ação afirmativa foi bastante assimilada pela opinião pública brasileira, mas aceita majoritariamente para alunos provenientes das escolas públicas e não para alunos negros. Foi paradoxal: AA foi uma demanda dos movimentos negros e não havia nenhum movimento de estudantes das escolas públicas estaduais com tal demanda, mas as políticas pensadas nas universidades públicas beneficiaram, em primeiro lugar, os egressos das escolas públicas, seguido da população indígena, aparecendo os negros como o terceiro grupo beneficiado. E esse último público-alvo, com a exceção da UnB, sempre ficou condicionado à escola pública e à renda. Assim, o resultado da escolha das políticas a serem implantadas em cada universidade privilegiando as cotas "sociais", como denominavam os entrevistados a AA para escolas públicas em detrimento das cotas "raciais", foi fruto de intensos debates nos conselhos universitários das universidades públicas, o que deixava evidente a dificuldade de o país lidar com a questão racial, pese as evidências da desigualdade em torno da cor dos estudantes universitários.

A década de 2000 começou, portanto, com os compromissos assumidos em Durban, em 2001, de se pensarem novas formas de atacar as desigualdades raciais existentes no país, evidentes nos dados trabalhados pelo Censo de 2000 e pelos relatórios do Ipea produzidos com os dados da PNAD de 1999, que desagregaram a raça para qualificar melhor a cor da desigualdade (Henriques, 2001). E os legislativos de vários estados estavam pensando em projetos de lei diversos, que visavam à implantação de políticas que permitissem formas diferenciadas de acesso às universidades estaduais, frutos da iniciativa individual de algum legislador em estados distintos. Com a implantação das cotas nas universidades estaduais do Rio de Janeiro, várias universidades se apressaram a pautar a discussão sobre AA em seus conselhos universitários para não serem "atropelados por decretos de seus legislativos", conforme foi explicitado por alguns entrevistados.

Quando Lula assumiu em 2003, a discussão estava em seu auge. Algumas universidades estaduais já haviam concebido formas diferenciadas de AA, como foi o caso do acréscimo de vagas para indígenas nas universidades estaduais do Paraná, em 2002, ou o de cotas para negros, indígenas e deficientes físicos, e ainda de baixa renda, concebidas pelas universidades estaduais do Rio de Janeiro, do Mato Grosso do Sul e da Bahia, em 2003. Havia ainda grande movimentação na organização da própria universidade, em especial em seus núcleos de estudos afro-brasileiros (Neabs) e no questionamento dos docentes acerca da função social da universidade pública, que recebia então um alunado tão homogêneo. Era o início da construção de um processo que consistia em enfrentar não apenas a pouca presença de alunos egressos do ensino público, especialmente naqueles cursos de maior demanda, mas também a desigualdade racial na composição da universidade pública brasileira. A adoção de AA nas duas universidades do Estado do Rio de Janeiro, Uerj e Uenf e na Estadual de Mato Grosso do Sul, por ordem dos executivos estaduais, foi emblemática na discussão de então. No entanto, é importante ressaltar que foi um movimento que partiu das próprias universidades federais e estaduais em seus conselhos universitários, que também começaram a questionar a cor de seu alunado e o papel da universidade na sociedade enquanto instituição pública. No tocante às universidades federais, Bahia, Alagoas e Brasília saíram na frente, em 2005, com formatos diferenciados de políticas de AA.[10]

Assim sendo, a década de 2000 representou o início do processo de se pensar políticas públicas que tornassem mais democrático o acesso ao ensino superior. Com a chegada de um governo mais poroso às reivindicações dos movimentos sociais, e com a chegada de Fernando Haddad como ministro da educação, houve ação mais proativa no Ministério da Edu-

---

[10] A pesquisa adotou o ano da implantação efetiva da medida como o ano inicial, e não a aprovação no Conselho Universitário. Durante as duas etapas da pesquisa foram ainda analisados todos os editais publicados por todas as universidades públicas brasileiras, que podiam mudar de um ano para outro. Ver Elielma Machado (2013) para essa análise.

cação em relação à educação superior do país. Foram então pensadas duas políticas públicas que representaram mudança efetiva na configuração das universidades brasileiras. Em 2005, foi criado o Programa Universidade para Todos (ProUni), com forte inspiração na política de ação afirmativa pensada pela PUC-Rio em 1994. O ProUni permitia que alunos de baixa renda se candidatassem às universidades privadas para preencher vagas ociosas em troca de isenção fiscal dada pelo governo federal, o que lhes abriram alternativas até então impensadas, impactando, por sua vez, as universidades públicas, pois estas deixaram de ser a única opção para os alunos de baixa renda. Em 2007, o MEC pensou em nova política pública, específica para as universidades federais: o Reuni, programa de reformulação das universidades federais, com forte incentivo fiscal para as universidades federais que concebessem programas de maior inclusão e promovessem a diversidade em seus campi. Dessa forma, se a década de 1990 representou a universalização do ensino fundamental, a de 2000 trouxe a questão sobre a democratização do ensino superior, estando as políticas de ação afirmativa no cerne dessa discussão.[11]

Foi um momento de muitos debates, que podem ser retratados por dois manifestos assinados por acadêmicos e celebridades, um "contra" e outro "a favor" das cotas. No primeiro, estava visível o receio de que a *qualidade* do ensino superior público fosse afetada com as "cotas" para "negros"; de que haveria a perigosa *racialização* da sociedade brasileira, concentrada agora no campus da universidade pública; de que não se poderia fazer a classificação racial em um país com forte *miscigenação*; de que feria o *princípio republicano* da igualdade

---

[11] Os resultados das duas fases da pesquisa estão consolidados em duas publicações organizadas por mim: *Entre dados e fatos* (2010) e *Ação afirmativa em questão* (2013). Além da análise de todos os editais das universidades públicas no período da pesquisa, foram visitadas 20 universidades e entrevistados 57 gestores.

para todos; e, por último, de que a ideia de maior justiça na fruição do direito à educação deveria estar concentrada no *ensino fundamental*, jogando para o futuro a solução do problema. De outro lado, os argumentos a favor giravam em torno da necessidade de *reparação* histórica em relação ao ciclo de desvantagem resultado do legado da escravidão do país; a existência da *desigualdade racial* evidente nos relatórios oficiais e nas pesquisas acadêmicas; a necessidade de se construir uma esfera pública baseada na *diversidade* da própria população brasileira; a busca por maior *justiça social* que somente poderia ser alcançada se a desigualdade racial fosse enfrentada. Esses foram os argumentos usados nos dois manifestos escritos em 2006, e cabe notar que alguns em defesa das cotas colidiam com os mitos de que as relações raciais no país eram baseadas na harmonia e numa sociabilidade cega à raça.

Quando fomos a campo para entender o que acontecia nas universidades que haviam adotado algum tipo de ação afirmativa e entrevistamos os profissionais ou gestores que estavam à frente da implantação das políticas em suas universidades, vimos as dinâmicas em curso das mudanças que ocorriam então. Foram registradas as tensões, os desafios então postos e o impacto causado com a entrada dos novos alunos em cada um dos vinte *campi* visitados. Eram vários tipos de políticas adotadas nas universidades, que variavam quanto ao tipo (cotas, acréscimo de pontos, acréscimo de vagas ou uma combinação de alguns desses), mas devido mesmo ao processo de seleção das universidades públicas brasileiras, cuja entrada se dá pelo vestibular, a modalidade predominante era a de cotas. O desafio era enorme, em um país em que apenas 4% da população preta e parda tinham acesso ao ensino superior em 2000, contrastado com 12% da população branca; em que o "Brasil branco" teve 2,3 anos de estudo a mais do que o "Brasil negro" ao longo de várias décadas, como ressaltou Ricardo Henriques (2001), o que deixava evidente a desigualdade racial persistente.

Não foi fácil registrar o processo de adoção de políticas de AA porque as mesmas universidades pensaram em distintas modalidades em momentos diferentes. Cabe registrar, no entanto, a forte predominância inicial de universidades estaduais entre 2003 e 2006: das 23 universidades com algum tipo de AA, 15 eram estaduais. Mas ficou claro o forte impulso ocorrido nas universidades federais a partir de 2007, com o Reuni. Se até 2006 havia apenas 8 universidades federais que haviam pensado em algum tipo de ação afirmativa (7 com cotas e 1 com acréscimo de notas), em 2011, 39 universidades federais já haviam adotado políticas de cotas (28) e acréscimo de vagas (11), além de 3 federais com ação afirmativa exclusivamente para populações indígenas ou do interior. Entre as 98 universidades federais e estaduais existentes no país naquele momento, havia, em 2011, 71 universidades com algum tipo de ação afirmativa.[12] Como qualquer ação afirmativa sempre questiona a estrutura existente, e os que usufruem dessa estrutura dificilmente são defensores de mudanças, houve a resistência inicial para sua implantação, em especial em torno da discussão de "raça". Os depoimentos dos gestores entrevistados demonstram a grande discussão ocorrida nos conselhos universitários, sendo a "cota social", como era chamada a AA para alunos da escola pública, a "política possível" de ser implantada.

Foi, no entanto, um processo em curso que parecia ser inexorável. A uniformidade existente anteriormente nas universidades públicas referentes à classe e raça passou a ser *a* questão a ser debatida. E se esse debate veio de fontes diversas, com alguma regularidade nas universidades pese às especificidades de cada uma: a) foram pensadas por um tempo

---

[12] Não foram incluídos os centros universitários nem os centros de ensino técnico porque não estaria disponível um leque expressivo de cursos como as que têm as universidades federais e estaduais. Tampouco foram pesquisadas as universidades federais criadas durante o governo Lula porque todas já foram abertas com AA.

limitado, sujeitas a avaliações periódicas (a cada 10 anos) nos Conselhos Universitários; b) houve forte apoio das reitorias; c) algum tipo de "cotas raciais" foi mais factível onde havia núcleos de estudos afro-brasileiros consolidados (foram as primeiras universidades a adotarem algum tipo de política); d) foram aprovadas pelos Conselhos Universitários; e) houve grande confluência para políticas pensadas para alunos da escola pública, ficando a questão racial subsumida na social ou simplesmente não contemplada. A análise dos editais da mesma pesquisa possibilitou o acompanhamento das mudanças e mostrou a complexidade das decisões tomadas. Mostrou ainda o processo em curso, uma vez que houve, em várias instituições, a confluência virtuosa da vontade política dos reitores, da militância de docentes e dos integrantes dos Neabs. Em síntese, pode-se dizer que o período entre 2002 e 2012 representou um divisor de águas para o crescente processo de inclusão de grupos que, sem tais políticas, teria interditada sua entrada na universidade. A democratização do campus representou uma realidade impensada até então. Foi o processo resultante tanto das demandas da década anterior pela mudança no acesso ao ensino superior, quanto da ação direta do MEC, dos gestores e reitores das universidades.

 O debate provocado por todas as mudanças registradas nesse período foi intenso, em especial no meio acadêmico e na mídia. Afinal, estava-se tocando em pontos considerados inquestionáveis, como o mérito no exame do vestibular e a harmonia racial. Pode-se mesmo dizer que houve o que Habermas (1989) descreveu como o "agir comunicativo", quando atores usam a esfera pública como espaço discursivo para o debate de temas até então não colocados. Foi rico o debate discursivo em torno da ação afirmativa e, com a construção de esquemas interpretativos depois de uma década de trocas discursivas na esfera pública, pode-se dizer que novo *frame* foi construído com a eventual aceitação da legitimidade da "cota social". Pode-se mesmo relacioná-lo ao processo das relações sociais de reconhecimento analisados por Honneth (2003) nas três dimensões: a) na dimensão da personalidade, com a gradual conquista da autoconfiança que foi possível de ser construída nas redes formadas no âmbito da sociedade civil, como os pré-vestibulares comunitários e nos próprios espaços universitários (Neabs); b) na dimensão da comunidade jurídica, com a aceitação da legitimidade das AA e a gradual construção do autorrespeito em relação aos alunos "carentes" e de cor; c) e por último, na comunidade de valores, com a conquista da autoestima para os beneficiários, cuja chave se dava na ideia da igual dignidade e do usufruto de um direito.

Um dos momentos de reconhecimento desse processo foi quando o Supremo Tribunal Federal se reuniu, em 2012, para julgar a constitucionalidade das cotas para negros na Universidade de Brasília, em ação movida por um deputado contrário às cotas para negros daquela instituição. Quando se analisam as sentenças proferidas pelos juízes, percebe-se que vários dos argumentos que haviam sido levantados nos espaços discursivos desde a implantação das primeiras cotas estavam ali na construção das sentenças dos 11 juízes, que, em decisão unânime, votaram pela constitucionalidade das cotas na UNB. Seus argumentos versavam em torno de busca por justiça em relação à raça, da discriminação racial existente, do preconceito, da necessidade de reparação, ou ainda da premente necessidade da integração social e da promoção da diversidade. Essas questões também foram constantes nas reflexões dos gestores ouvidos pela pesquisa.

A pesquisa nos permitiu ainda perceber que os gestores das várias universidades visitadas demonstraram alto grau de reflexão em torno do tema e estavam cientes não só do grau de complexidade das mudanças em curso, mas também da importância da pedagogia do processo que vivenciavam.[13] Nessa mudança no campus, estavam também as primeiras informações sobre o bom desempenho dos "cotistas", daqueles que conseguiam persistir e permanecer na universidade; sobre a inexistência da racialização do campus, pese os atos de racismo iniciais como havia sido temido (poucos, porque o brasileiro tem preconceito de ser racista, como diria Florestan Fernandes); sobre a importância da maior diversidade no campus. E nesse processo pedagógico também estava incluído o aprendizado dos próprios professores, que aprendiam a lidar com alunos que chegavam com dificuldades e novas necessidades e com propostas de projetos de pesquisas inovadoras.

A questão da permanência sempre foi o grande desafio: os alunos traziam para a universidade necessidades inexistentes até então, tais como questões da alimentação no campus, transporte e alojamento. As universidades estaduais e federais visitadas tinham como meta a ser atingida proporcionar aos alunos de AA oportunidades para que não desistissem em função de suas condições materiais. As políticas pensadas visavam exatamente mitigar os efeitos da desigualdade inicial de condições de seu alunado, e é por isso que as políticas de permanência pensadas não eram apenas para os alunos beneficiários de AA: elas alcançavam todos aqueles alunos que não tinham condições materiais de se manter no campus. Foram, assim, políticas que fizeram parte da democratização de que se vem falando: a universidade pública agora procurava atender à grande variedade de classes, raças e etnias, repensando profundamente sua função social, como atestaram vários gestores entrevistados. Além das necessidades materiais, apareceu ou-

---

[13] Para as falas dos gestores, ver Paiva (2013), "Políticas públicas, mudanças e desafios no acesso ao ensino superior". Apontaram para a riqueza das discussões acerca da desigualdade racial no ensino superior, para o racismo existente no meio universitário, para o silenciamento dos que eram contrários às AA e para a preocupação com a perda de qualidade com a entrada dos novos alunos.

tra necessidade premente nas falas dos gestores: a assistência acadêmica para alunos que chegam do ensino médio com formação escolar precária e novas necessidades e carências. Mas havia um sentimento de conquista de que estava sendo feita a integração dos novos alunos e de que a universidade pública estava finalmente repensando sua função social, em um caminho para maior democratização no campus. Paulatinamente caiu por terra a visão maniqueísta de que os alunos cotistas eram "fracos" e os alunos do vestibular regular eram "bons". Além do mais, as universidades públicas passaram a produzir novos conhecimentos a partir das experiências dos novos alunos que chegaram. Era a universidade pública cumprindo sua função pública.[14]

Mas não se pode fechar a análise desse período sobre algumas das novas dinâmicas sociais sem assinalar outro momento em que mudanças, até certo ponto inesperadas, ocorreram na esfera pública e que vão trazer novas formas de participação social e novas arenas discursivas: as manifestações que surgem a partir de 2013.

Novos formatos nas manifestações sociais

As mobilizações de junho de 2013 podem ser consideradas como o primeiro ponto de inflexão para o otimismo já descrito aqui, perdurando ao longo dos dois anos seguintes em formas de protestos e greves, ao trazerem para os espaços públicos das grandes cidades do país várias demandas não resolvidas pelos governos democráticos. Desde as primeiras, que ficaram

---

[14] Como outra consequência de todo o processo, em 2012 foi aprovada no governo Dilma a Lei 12.711, conhecida como "Lei de Cotas", que teve como objetivo normatizar a implantação de ação afirmativa em todas as universidades federais. Estas tinham de conceber AA que guardassem a diversidade de cada estado no tocante à raça, etnia e classe, com o maior acesso dos alunos oriundos de escolas públicas.

conhecidas como "jornadas de junho", e que foram se adensando em apenas três semanas daquele mês, ficou evidente que havia algo além do protesto em torno do aumento da passagem de ônibus. As principais cidades do país presenciaram enormes protestos e greves, trazendo desafios teóricos para quem tentava compreender aquelas dinâmicas sociais, junto com a necessidade de se pensarem chaves analíticas que dessem conta de entender o que estava em curso. Os protestos continuaram em 2014 com formas variadas, inclusive contra a realização da Copa do Mundo no Brasil. Mas havia um denominador em comum: as praças estavam sendo ocupadas e os espaços públicos ganharam novo sentido para a organização de greves, protestos e manifestações diversas, momento inicial para a construção de outros esquemas interpretativos dentro de um amplo espectro político, desde a esquerda nas suas várias orientações, até uma direita reformatada que passou a se pronunciar de forma mais explícita. Mas passava principalmente por grupos que negavam qualquer associação com a política organizada, pregavam autonomia de suas demandas, horizontalidade na sua forma de agir, e faziam uso intenso das mídias sociais para organizar manifestações nos espaços públicos.

As mobilizações vieram na esteira dos protestos que ocorriam desde 2011, no que se convencionou chamar de "primavera árabe", dos indignados da Espanha ou ainda dos protestos dos estudantes no Chile. Traziam para os espaços públicos várias das formas injustas crescentes da distribuição de renda, do desemprego, ou, ainda, do sentimento de que os partidos políticos existentes tinham se distanciado muito das questões sociais que mais afligiam as sociedades de cada um desses países. No Brasil, as formas de solidariedade existentes se tornaram impotentes, principalmente a partir de 2015, quando não foram esgarçadas pelas crises política e econômica que se anunciava: os que estavam às margens, os que começavam a ser excluídos, ou ainda aqueles que se ressentiam das políticas que privilegiavam a inclusão de alguns, começaram a manifestar seu descontentamento. Pode-se dizer que foi o resultado mais generalizado daquilo que já se analisou aqui como a "confluência perversa" de um projeto neoliberal que retirava as obrigações do Estado ao mesmo tempo que as sociedades demandavam por mais direitos.

Como analisou François Dubet (2019), o momento em que as formas de solidariedade se tornaram frágeis desde a década de 1990 (nos países europeus, em especial na França, seu foco de análise), os grupos sociais alcançados pelas desigualdades se multiplicam: por gênero, origem, pertenças religiosas, ou, ainda, por idade e deficiência física. Para o autor, as "desigualdades múltiplas" emergem, numa agregação muito variada das "pequenas desigualdades", que passam não apenas pelo acesso à escola, mas por outros domínios, como a discriminação, as clivagens das profissões por gênero e classe, do consumo cultural, ou, ainda, pelo capital social. Ainda que as grandes desigualdades permaneçam em torno das classes, as desigualdades se individualizam, deslocando-se de um acordo social amplo para aspirações pessoais incentivadas: porque mais possibilidade de sucesso e mais consumo pessoal foram prometidos a indivíduos, quando se quebrou o círculo mais amplo de solidariedade que marcava o Estado do bem-estar social. E a culpa das desigualdades emergentes recai sobre esses mesmos indivíduos, que podem experimentar vários sentimentos: de frustração, quando as promessas de realização pessoal não acontecem; de raiva, quando suas condições materiais se deterioram; de desrespeito, quando formas de solidariedade anteriores dão lugar ao não reconhecimento do outro; ou, ainda, de vergonha, quando se perdem posições sociais conquistadas. Para Dubet, tal fenômeno é traço estrutural da própria modernidade, que se agudiza com a perda dos direitos sociais.

Pode-se perguntar se a chave analítica de Dubet tem validade heurística para interpretar a modernidade brasileira nas duas primeiras décadas do século XXI. As desigualdades múltiplas guardam afinidade eletiva com o que se descrevia como a confluência perversa brasileira? Afinal, há uma distância abissal no usufruto dos direitos na França e no Brasil. Mas vai ser sustentado que sim, que os sentimentos da desigualdade e injustiça estão mais presentes a partir de 2014, quando a queda de crescimento econômico começa a ser sentida, desnudando as desigualdades persistentes na oferta dos direitos sociais do país. Os programas de redistribuição de renda não foram suficientes para manter a "nova classe média" no mesmo patamar de consumo prometido, quando o desemprego começa a atingir setores cada vez maiores do mercado de trabalho formal, em 2016. Além do mais, as condições materiais do cotidiano da população continuavam precárias, injustas e dolorosas, tanto na prestação de serviços mais básicos de saúde, educação, moradia, saneamento, mobilidade urbana e segurança, quanto no sentimento crescente de insegurança (material, física e simbólica) e de frustração no que diz respeito às promessas vislumbradas.

Como analisa Célia Kerstenetzky (2017), o decênio entre os anos de 2003 e 2013 registrou a maior redução histórica da pobreza absoluta do país desde a década de 1970, com a queda de 18 pontos percentuais da população pobre para o patamar de 10% da população. E várias políticas foram cruciais para tais mudanças: a valorização do salário mínimo (acima de 70% na década por ela analisada), impactando positivamente vários setores; o benefício da prestação continuada (aposentadoria sem vinculação à contribuição previdenciária); o programa bolsa família e a formalização do mercado de trabalho, dentre as várias inovações institucionais que impactaram a economia. Mas, ressalta a autora, os governos dessa década não foram capazes de promover reais mudanças na oferta de serviços sociais no tocante à educação, à saúde, nem tampouco uma reforma tributária que trouxesse progressividade na concepção de impostos e na tributação de lucros e dividendos. Assim, a precariedade estrutural dos direitos sociais expunha a latência da insatisfação geral que estava por vir.

Voltando para os acontecimentos de junho de 2013, fica a pergunta: como foi possível atos de indignação tão elevados naquele momento se nas páginas anteriores foi ressaltado o caminho virtuoso de maior participação social e de maior conquista de direitos? Além da questão das desigualdades múltiplas que persistiam, cabe voltar para a discussão feita no capítulo 3 sobre as *tensões* que surgiam com os formatos de maior participação social e busca por maior equidade na fruição de direitos. Se a questão dos direitos foi central para as mudanças em curso, esse novo "espírito do tempo" incomodava àqueles que presenciavam as configurações mais solidárias e inclusivas na esfera pública em geral, quando questões que estavam nos espaços "contra-públicos", analisados por Fraser (1997), foram trazidas para a esfera pública mais ampla, com suas formas de subjetivação ganhando legitimidade nos vários movimentos mencionados anteriormente e que traduzem exemplos das dinâmicas sociais. As tensões entre setores progressistas e conservadores começam a ficar evidentes e se acirram com a crise econômica que se anunciava, atrelada às crescentes denúncias de corrupção. E pode-se perguntar ainda se a demanda por formas mais justas de políticas de redistribuição dos bens sociais, que estavam localizados para grupos específicos, podia ser equacionada com a percepção da precariedade das condições de vida em torno do desemprego e dos direitos mais básicos, incluída a violência cotidiana sentida nos centros e periferia.

Antes de prosseguir, cabe diferenciar os movimentos sociais analisados ao longo desse livro das mobilizações que começaram a se espalhar a partir de 2013. Mobilizações sociais podem reunir movimentos, organizações sociais, sindicatos, partidos, ou mesmo as pessoas que, sem qualquer relação com organizações existentes, vislumbram que podem fazer a diferença indo para as ruas protestar. Isso sem esquecer que as mídias digitais que se popularizaram nessa década permitiram grau exponencial de difusão de mensagens e ideias. Em parte, foi o que aconteceu em junho de 2013: havia movimentos e organizações sociais existentes, como o Movimento Passe Livre (MPL), que protagonizou os primeiros protestos contra o aumento das tarifas de ônibus, mas esse movimento organizava formas de protesto contra as tarifas em transportes públicos para estudantes desde 2005, quando se tornou um movimento social. Mas em 2013 estavam postas várias frustrações e indignações que não tinham a devida resposta das organizações políticas existentes. Esses sentimentos se traduziram durante as manifestações nas mais variadas mensagens de protesto, transmitidos por cartazes individuais, muitos deles simples, que expressavam tais sentimentos: contra as várias formas de violência cotidiana, tanto as físicas (repressão policial, assaltos, falta de serviços) quanto a simbólica (discriminação, preconceito e humilhação), mas também pelo crescente sentimento contra a corrupção e pela sensação de que o partido que estava no poder era "tudo igual" aos partidos hegemônicos anteriores. A forte repressão policial na primeira grande manifestação em São Paulo, com vários manifestantes feridos, inclusive jornalistas que cobriam o evento (pode-se especular se isso não foi a causa para a virada de perspectiva da cobertura da grande mídia convencional...) teve o efeito catalisador de aglutinar centenas de milhares de pessoas nas outras duas grandes manifestações realizadas no mesmo mês.

E como estavam sendo analisadas essas "redes de indignação e esperança", como as descreveu Castells (2013)? Em um primeiro momento, houve a tentação de classificar o que estava ocorrendo como protesto dos grupos políticos de direita, que se ressentiam por não ter mais a posição hegemônica de sempre. Mas os ciclos de protesto estavam ali a demonstrarem que havia algo a mais, pois a rejeição à presença de qualquer filiação partidária, de direita, centro ou esquerda, era evidente. Se o leque de demandas poderia parecer difuso à primeira vista, havia em comum a indignação acerca da precariedade dos direitos sociais oferecidos. O preço da passagem foi o elemento catalisador, mas logo se percebeu que essa indignação se referia a questões variadas e num leque mais amplo, como os serviços de mobilidade urbana, a precariedade do serviço de saúde, a pouca qualidade das escolas públicas, além da indignação com os casos de corrupção que atingia todos os partidos políticos. Tudo isso perpassado por uma crise que se avizinhava nos anos seguintes, com índices de crescimento econômico em queda e com o aumento gradual das taxas de desemprego, o que colocava em xeque vários dos ganhos conquistados ao longo da primeira década.

As mobilizações iniciadas em 2013 levaram para as ruas pessoas que estavam protestando pela primeira vez: grupos variados de estudantes, mulheres, segmentos das classes média e popular, enfim, grupos, que viram a possibilidade de expressarem sua indignação, em especial os estudantes, cuja inspiração desde 2011 era na defesa de "outro mundo ser possível". Eram protestos do "asfalto" e da "favela", que em alguns momentos se juntavam de forma mais explícita, como aconteceu por ocasião da morte do Amarildo, quando a Rocinha fez uma marcha pacífica até o Leblon, encontrando ali estudantes que protestavam em frente da casa do então governador. Como analisou Brena Almeida (2019), o ciclo de protestos a partir de 2013 trouxe um controle policial repressivo que resultou na criminalização do "inimigo", ao mesmo tempo que produziu novas práticas discursivas e estratégias por parte dos atores sociais. A edição da Lei da Garantia e da Ordem, aprovada depois de junho de 2013, deu mais poder à repressão policial.

Eram várias as causas de protesto, mas logo assumiram formas mais delineadas na tradução das indignações expostas.

A rejeição à corrupção dos grandes partidos políticos, inclusive do que estava no poder, proporcionou a formatação da ideia da necessidade de se pensar em novas formas de fazer política. Mais evidente a partir de 2014, grupos se organizaram para além dos partidos políticos convencionais, e num espectro bem mais à direita, capturaram para si o sentimento da "pátria" (inclusive a camisa verde-amarela da seleção e a bandeira nacional). Estavam sendo construídas as bases para a "nova" política, que iam além de qualquer forma de articulação social anterior, que era baseada em partidos políticos, em sindicatos, em associações da sociedade civil e mesmo nos novos movimentos sociais que surgiram desde a década de 1980. O denominador comum inicial era a rejeição à política partidária e a ideia de que era preciso organizar partidos que pregassem desde a rejeição à "velha" política que se praticava nos partidos existentes, até novos sentimentos em construção: um nacionalismo incondicional cujo risco latente era a chegada de uma figura messiânica. De toda forma, os canais políticos de mediação existentes até então estavam sendo questionados.

Foram várias as análises feitas sobre esse período, que buscavam acentuar o que havia de novo. Maria da Gloria Gohn (2019) chama as mobilizações consolidadas nessa década de "novíssimos movimentos sociais", cuja rede de articulação está fortemente baseada na internet, em contraposição aos novos movimentos sociais que surgiram na década de 1980 no Brasil. Enfatiza que há profundas diferenças entre os jovens que foram para as ruas em 2013, os "autonomistas" que se organizavam transversalmente, dos grupos que se formaram de forma acelerada a partir de 2014. Chama estes últimos de "organizações movimentalistas", ativistas virtuais com foco na política, cujo norte de atuação era contra o governo de Dilma Rousseff e com repertório de encontros, manifestações e uso de símbolos nacionais. Há outra característica presente nas manifestações, lembra a autora, a rejeição às organizações políticas existentes e o combate ferrenho à corrupção. Eram protestos em várias direções, mas também na luta pela manutenção de direitos, ameaçados por projeto de lei de congelamento de gastos, proposto pelo governo Temer.[15]

Já Angela Alonso (2015), ao analisar os primeiros desdobramentos das mesmas manifestações, enfatiza a emergência de ciclos de protestos com vários atores, demandas e repertórios. Aponta três grupos principais que se consolidam a partir de 2014: os "socialistas", grupos que se organizaram desde a década de 1980 e ligados aos partidos à esquerda do espectro; os "autonomistas", que haviam ganhado força a partir das primeiras manifestações de Seattle em 1999, com formatos anarquistas e organização transversal de ativismo; e os "patriotas", grupos com forte conotação nacionalista a pedir medidas liberais para a economia e o fim da corrupção.[16] Esses três grupos podem ser considerados "tipos ideais" pertinentes para a explicação das tendências em construção a partir de então.

Geoffrey Pleyers (2018), ao analisar as mobilizações sociais ocorridas desde 2011, com a análise de manifestações em diferentes espaços públicos do planeta, ressalta a via da *subjetividade* que estava sendo construída pelos manifestantes, em especial os jovens. A "experiência vivida" é o motor para a concertação de grupos de jovens ao redor do mundo na construção de um mundo melhor. A visão de mudança, ressalta Pleyers, passa pela construção de espaços autônomos, horizontalidade nas relações sociais e a defesa da diversidade, tanto no nível das concertações quanto no nível macro por uma sociedade mais justa. E, inspirado em Touraine, analisa esses movi-

---

[15] Nesse livro, Gohn traz a análise detalhada da participação em protestos de 2013 a 2018, com rica fonte de informação, além de excelente registro dos jovens na política desde 1968.
[16] Em seu artigo sobre os repertórios utilizados nos ciclos de protesto desde 2013, traz ainda os temas que predominaram, e os classifica em: a) chamada para a mobilização; b) demanda por serviços; e c) contra os partidos e políticos existentes.

mentos como "produtores da sociedade".[17] São análises que explicam as diferenças em curso no período, quando os estudantes assumiram grande protagonismo.

Quem assumiu o protagonismo de forma contundente foram os estudantes da rede pública, quando, no final de 2015 e ao longo de 2016, realizaram inúmeras ocupações em escolas de vários estados da federação em defesa da escola pública. As motivações, ainda que diferenciadas em cada estado, eram diversas, resultado do acúmulo de problemas vivenciados pelos estudantes da rede pública: a) em um nível mais concreto, passavam pela rejeição às políticas de "reorganização" das escolas de ensino médio nos estados, principalmente em São Paulo, que significava o fechamento de várias delas com a relocação de estudantes e professores para estabelecimentos distantes, e mesmo pela exoneração de profissionais; b) também traduziam a rejeição à reforma do ensino médio que estava sendo articulada em nível federal, já no governo Temer; c) também pediam maior participação na organização escolar, com autonomia para suas representações; d) rejeitavam ainda a emenda constitucional do teto de gastos concebida pelo governo Temer e aprovada em dezembro de 2016; e) em um nível mais abstrato, demandavam a educação de qualidade do sistema público de ensino. Como analisam Medeiros et al., as ocupações criaram redes de solidariedade inesperadas entre diversos setores da sociedade civil, além de terem promovido impacto direto nos ativistas em seus atos de desobediência civil e para o aprendizado de formação de sujeitos políticos, e que venho chamando aqui de pedagogia cívica.[18]

---

[17] Em seu livro *Movimentos sociales en el siglo XXI*, Pleyers se detém a analisar vários movimentos sociais, desde Chiapas até os movimentos globais despois de 2011; desde os que protestaram contra os 1% mais ricos até os movimentos conservadores e reacionários.

[18] Para excelente análise das principais ocupações do país, ver o livro organizado por Jonas Medeiros, Adriano Januário e Rúrion Melo (2019), com pesquisa de campo em várias ocupações.

A respeito das ocupações das escolas, cabe ressaltar dois aspectos que vêm sendo discutidos nesse livro. Primeiramente, a importância dos *repertórios* pensados para sua realização. O principal deles foi a ação direta realizada em atos de desobediência civil, que é como podem ser definidas as "ocupações" de suas escolas pelos estudantes "secundaristas", numa ação direta de desobediência civil. A ideia de repertórios foi muito bem analisada por Charles Tilly (2007): para o autor, ao fazer protestos coletivos, os manifestantes escolhem formas de protesto de ação coletiva dentro das possibilidades de repertórios disponíveis, que variam tanto de acordo com o tempo e o lugar quanto das oportunidades políticas existentes. No caso das ocupações das escolas, ou mesmo antes disso, das ocupações de praças a partir de 2011 nas grandes cidades do planeta, as ocupações representam repertório bastante eficaz de organização coletiva, cuja forma inicial mais conhecida data dos protestos realizados por Gandhi na Índia, quando ocupavam lugares públicos em atos de protestos não violentos na década de 1950, ou ainda as campanhas do Movimento dos Direitos Civis (MDC) americano, quando os negros ocupavam lugares reservado aos brancos, em ação direta não violenta. Em ambos os movimentos foi a ocupação de espaços proibidos em atos de desobediência civil.

A desobediência civil tem longa tradição na democracia americana desde que Thoreau se recusou a pagar impostos injustos no século XIX, mas foi com o MDC que se tornou um dos repertórios mais eficazes de protesto e mesmo fonte de inspiração para os movimentos feministas e estudantis mundo afora. Os protestos no Chile das décadas de 2000 e 2010, a "Revolta dos Pinguins" em alusão ao uniforme usado pelos estudantes secundaristas chilenos (como ficou conhecida a primeira), quando usaram o repertório das ocupações em atos de desobediência civil, foram grande inspiração para os estudantes brasileiros em 2015. Hannah Arendt (1972) define o ato de desobediência civil como o momento em que um número significativo de cidadãos se convence de que os canais normais para mudança ou não funcionam, ou que mudanças negativas possam ocorrer. É uma infração que requer alta dose de coragem, uma vez que há a consciência de que se está desobedecendo à lei e há o risco de punições pelo ato.

O segundo aspecto que deve ser ressaltado acerca das ocupações, e enfatizado ao longo desse texto, é o processo de *pedagogia cívica*, vale dizer, o processo de aprendizado pelo qual passam todos aqueles que se engajam num processo de ação coletiva, pois se pensa em novos repertórios, novos *frames* de ação, com a aceitação de outros apoiadores no processo mesmo de realização do movimento, além, e principalmente, da construção de novas subjetividades. É sempre uma construção: a) da consciência de ser um ator social; b) da experiência que requer constante avaliação no próprio aprendizado; c) da seleção da pauta de questões (muitas delas ainda latentes); d) do sentimento de que a construção coletiva faz a diferença. Esse processo de aprendizado esteve presente nas várias ocupações realizadas no país.

Não cabe aqui especificar as tensões surgidas nas organizações dos "ocupa" diante de várias decisões a serem tomadas, mas cabe ressaltar que houve alguns ganhos em várias das ocupações, quando, por exemplo, o então governador Alckmin retirou a proposta de reformular as escolas paulistas de ensino médio existentes. Outras, como a luta pela qualidade do ensino público fundamental, estão para acontecer. Mas é preciso ressaltar a intensa solidariedade prestada em apoio aos estudantes pelos pais, pelo meio artístico, pelas universidades, pelas organizações estudantis, o que fez das ocupações espaços de atividades culturais e acadêmicas, com a promoção de intensas arenas discursivas a respeito da educação pública do país. Havia a utopia de que a mudança era possível, sonho difícil porque o desafio era contra uma estrutura educacional burocratizada e hierarquizada. Com o término das ocupações em 2016, resultado da pressão da estrutura escolar, da fadiga da própria ocupação, dos protestos de alunos que não aderiram, ou simplesmente da repressão policial, ficou a experiência do ativismo estudantil em defesa do ensino público e de formas mais democráticas de ensino. Os estudantes usaram seus corpos em formas de assembleia, protestos nas ruas e nas escolas ocupadas a exigir seu direito à educação, como analisa Butler (2019) o caráter corpóreo dos questionamentos contemporâneos, que operam tanto nas contestações sob a forma de assembleias, greves ou vigílias, quanto quando o próprio corpo assume a dimensão da precariedade exposta.

Muito mais poderia ter sido ressaltado neste capítulo acerca dos direitos e do reconhecimento de grupos antes invisibilizados e das formas de solidariedade conquistadas e colocadas em xeque, mas os processos analisados ilustram bem tanto as formas inovadoras que trouxeram a mudança de padrão político e cultural, quanto os déficits de todo o processo, uma vez que estavam ainda inalteradas as condições para a fruição efetiva dos direitos sociais. Mas as condições estavam presentes, assim como as tensões surgidas desde 2014. O processo dialético enfatizado ao longo do texto, do aprendizado de se saber um ator social que sabe demandar por direitos no contexto de consolidação democrática, junto com arranjos políticos que reagem a essas mesmas formas de interação, ganha novos rumos a partir de 2016.

CAPÍTULO 5
2016 – Crise na República

Começo este último capítulo parafraseando o título de um livro de Hannah Arendt, escrito em 1969 para analisar as "mentiras na política" a respeito dos documentos produzidos pelo Pentágono sobre a Guerra do Vietnã e os subsequentes protestos pacifistas. Analisando também o Movimento dos Direitos Civis americano, Arendt ressaltou nesse texto a questão da desobediência civil em ambos os movimentos: os negros começaram a ocupar espaços reservados apenas para brancos, e os convocados para a guerra queimavam seus certificados reservistas em lugares públicos, momentos que, segundo a autora, exemplificavam a "quebra de consenso" em relação à democracia americana de então. Trazendo sua análise para o Brasil, pode-se dizer que a partir de 2016 a democracia brasileira refletiu também uma quebra de consenso: Dilma Rousseff, reeleita em 2014, sofre vários reveses: perde apoio político do próprio partido aliado e de partidos no espectro mais à esquerda; a crise econômica se instala, com aumento da inflação e com desemprego, este subindo de 7,8% em 2015 para 11,2% em 2016; violência urbana persistente; notícias sobre a escalada da corrupção nos altos escalões da política e de grandes empresas, consequência não premeditada da lei 12.850, de 2013, promulgada em resposta às manifestações de junho, implantando as delações premiadas, e que contou com forte apoio midiático. Nesse contexto, grupos que haviam se organizado desde as manifestações de 2014 com a marca de rejeição à velha política, referida a todos os partidos existentes, começaram novas configurações em torno da política naquele momento.

Para o que vem sendo discutido até aqui, a crise na República pode ser traduzida não somente pela quebra de consenso em torno dos partidos políticos que se alternaram no poder desde 1989 – em especial o Partido dos Trabalhadores, que trouxera políticas redistributivas significativas – mas também na emergência de forças difusas a pedirem mudança face às dificuldades trazidas pela nova crise econômica: às promessas não cumpridas em relação aos direitos sociais; às relações ambíguas com setores conservadores, como o setor ruralista: e também à emergência de grupos que reagiam com a perda de direitos conquistados nas décadas anteriores. O que segue, portanto, é apontar para o "ovo da serpente" que estava em gestação a partir do momento em que as dinâmicas sociais construídas no contexto democrático, que haviam trazido a fruição de vários direitos, novos atores para a esfera pública e a ideia de uma esfera pública mais inclusiva porquanto mais diversa, cedem espaço para reações conservadoras, excludentes, com uma visão de mundo, que veio caracterizada por ser menos solidária e mais intolerante.

A crise na República tem consequências profundas para o processo democrático que estava em curso. Não se vai fazer no que segue a cronologia dos fatos que levaram à derrota dos principais partidos que haviam estado no poder desde a redemocratização, mas, preservando o que foi proposto desde o primeiro capítulo, levantar alguns aspectos que possam ajudar a entender o porquê das novas dinâmicas sociais que surgiram nesse contexto, cuja marca foi a reação conservadora ao antes conquistado, com a rejeição à política partidária existente. E qual era o cenário propício para essa reação? O vazio político era advindo da falta de legitimidade de partidos que respondiam a inúmeras denúncias de corrupção, partidos esses que haviam se distanciado das questões sociais que continuavam a afligir a maior parte da população e não souberam trazer políticas públicas efetivas de universalização dos direitos sociais, cujos traços de sua incompletude estavam visíveis na falta de acesso aos bens sociais mais básicos, como transporte, saúde, saneamento, mobilidade urbana, segurança e educação.

Essas mensagens já estavam postas nos cartazes das manifestações de junho de 2013 e eram sinais da indignação coletiva em torno das promessas não cumpridas, que contrastava com os altos investimentos para a Copa do Mundo, que implicara ainda em processos de gentrificação nos centros urbanos. Afinal, a ideia dos direitos estava no coração e na mente dos brasileiros, resultado mesmo da vivência democrática. Houve um movimento complexo a partir de 2016: os antigos e eficazes mecanismos de consentimento a uma ordem desigual e excludente, como assinalado no primeiro capítulo, não eram mais eficazes depois da "era dos direitos" construída desde a redemocratização, quando estes se tornaram uma possibilidade a ser conquistada. Assim, foi um período de quebra do consenso da ordem política vigente em função mesmo da pedagogia cívica construída nas décadas de vivência democrática, mas que então davam lugar a sentimentos de indignação e injustiça, evidenciados nos vários protestos organizados por diversos setores da sociedade.

Assim, a crise política, juntamente com a crise econômica que começava a se agudizar, trouxe para a esfera pública nova confluência perversa com a chegada ao poder de Michel Temer, que se instala em 2016: atores agora com plena consciência de serem sujeitos de direitos viam políticas a serem formatadas a partir de então, com medidas econômicas que, de novo, significavam perdas para os grupos sociais mais vulneráveis, enquanto seguia inalterada a desigualdade persistente do nosso acordo social, ainda injusto, ainda precário. As manifestações em torno da defesa da escola pública de 2015/16 traduziram esses sentimentos: por um lado, havia propostas de teto de gastos que significavam precisamente cortes nos orçamentos de direitos sociais, de outro, havia setores da sociedade civil, no caso em tela estudantes e professores, que se organizavam e demandavam direitos a uma educação de qualidade.

Maria da Gloria Gohn (2019) analisa 2015-2016 como o terceiro momento de protestos desde 2013, quando duas frentes se organizaram com clareza: uma contra e outra a favor do impeachment de Dilma Rousseff, construindo *frames* de ação coletiva que marcariam as profundas divisões na configuração do cenário político até as eleições de 2018. O período do governo Temer, mais além de sua ilegitimidade de estar no cargo, foi marcado por crises, por protestos contra as propostas de reformas trabalhistas, da previdência e contra cortes de verba na educação, para citar aquelas que provocaram os protestos mais expressivos, ainda que com mobilizações menores. Havia, para Gohn, "... um misto de sentimentos de desilusão, descrença, ou abandono do interesse coletivo" (2019, p. 149) em detrimento de interesses individuais.[1]

Com os espaços vazios criados com a perda da legitimidade dos grupos políticos hegemônicos, a crise da República trouxe ainda outra consequência nefasta para a jovem cultura política democrática de poucas décadas: o espaço aberto para a chegada de um messias que trouxesse a fórmula para a solução de todos os males. Em 2018, há a ascensão meteórica de um candidato que juntava dois ingredientes muito presentes na história política brasileira: o populismo, aliado a um nacionalismo reformatado que trazia de volta os mesmos sentimentos cultivados pela Era Vargas e pela ditadura militar. Na versão atual, evocou-se a "pátria", deixando opaca a grande diversidade da formação social brasileira; exortou-se a "família brasileira" referida a um significante abstrato como se abrigasse todos os seus formatos; eram ressaltados os valores "cristãos", também num significante globalizante a apagar todas as nuances das várias pertenças religiosas; execrou-se a "velha

---

[1] Ver o capítulo 3 do livro *Participação e democracia no Brasil*, para o relato detalhado dos principais acontecimentos entre 2013 e 2018. O primeiro momento para Gohn é 2013, com as mobilizações e, o segundo, 2014, com protestos e greves.

política", objeto de todos os males a serem extirpados por um novo líder, em sua conversa direta com o povo.

Tais características não são novas na cultura política brasileira: Francisco Weffort há tempos descreveu como a existência do *povo*, grupo que consistia nos amplos contingentes da população que chegava aos centros urbanos ao longo do século XX, passa a ser o contingente politicamente decisivo desde a redemocratização em 1945. Desde então, passa a ser tarefa política a incorporação das massas nas democracias que se sucedem. Weffort mostra ainda as afinidades profundas entre o populismo dos demagogos e o reformismo nacionalista advindo com o golpe de 64 e interpreta a queda de Goulart em 1964 como a "liquidação de toda a elite política", juntamente com o alijamento das massas e de toda a sociedade civil da época (1978, p. 17). O populismo, cultivado desde sempre, convivia, a partir de então, com mais força com o nacionalismo dos governos militares.[2]

Mas será que essa discussão procede para a compreensão dos fatores que confluíram para o surgimento da nova versão do nacionalismo nas eleições presidenciais de 2018? Dizia no capítulo anterior que uma das tendências registradas a partir dos protestos desde 2014 foi a construção de esquema interpretativo cuja base estava assentada na ideia de pátria, da nação "acordando" para a resolução de todas as misérias da política nacional. Na análise que segue, pretende-se ver os fatores para tal mudança, quais deles estavam latentes desde a análise inicial feita aqui sobre a redemocratização do país; quais forças conservadoras se mostraram abertamente nos es-

---

[2] Essa é uma discussão muito bem feita por Weffort em *O populismo na política brasileira*. Traz para o centro da análise a questão da incorporação das massas populares nos governos que se sucedem desde Vargas. E enumera as principais características: a) a massificação, com a desvinculação dos indivíduos de suas classes; b) perda de representatividade da classe dirigente; c) surgimento de um líder dotado de carisma.

paços públicos, e que arranjo democrático está posto possa ser antídoto para evitar retrocessos na construção de direitos realizada nas três últimas décadas. Para isso, serão lembrados os mesmos conceitos centrais privilegiados até aqui: a ideia de direitos, das possibilidades de concertação social a partir da revitalização da sociedade civil e o reconhecimento de grupos excluídos.

Como pano de fundo, estão ainda as tensões entre forças conservadoras, que sempre resistiram à ampliação da fruição dos direitos que contemplassem a diversidade brasileira, e as forças progressistas que lutaram e ganharam direitos nos governos eleitos desde 1994. Entre esses dois grupos, estava o grande contingente daqueles que nunca conseguiram se tornar um sujeito de direitos, o "pobre incivil" na análise de Vera Telles feita no capítulo 1 acerca da grande massa que sempre se localizou na linha tênue da pobreza. O "povo", já descrito aqui por Weffort. No momento em que forças conservadoras ganham espaço, as instituições terão tarefa mais árdua a cumprir na defesa dos diretos conquistados, uma vez que "pátria", "família", "povo" assumem significados cujos significantes são difusos e reducionistas, quando não vazios.[3]

Como componente realmente novo nesse cenário está a força das mensagens digitais que começam a influenciar coração e mente daqueles que tiveram acesso cada vez maior às diversas mídias digitais. "Operações psicológicas" entram em cena para mudar as opiniões das pessoas numa nova dimensão da informação: rumores, desinformação e mesmo notícias falsas assumem protagonismo nas campanhas eleitorais, como foi visto com a saída da Grã-Bretanha da União Europeia, passando pela eleição de Donald Trump nos Estados Unidos, até o

---

[3] A discussão sobre significado e significante usada aqui parte da análise de Saussure: cada palavra tem, no seu significado, vários significantes que dependem das representações ao qual estão ligadas.

intenso uso das mesmas mídias na eleição brasileira do ano de 2018. É novo patamar de seleção de informação, de desinformação, de relatos parciais de uma informação, até a produção sem pudor de *fake news*. Plantar notícias falsas não é fato novo na política, mas o que é novo é a capacidade de difusão e penetração dessas notícias, que têm produzido mudanças profundas nas eleições desde 2016. Assim, é preciso ter sempre em mente que esse novo *frame* de informação política é uma realidade sem volta e será determinante nos arranjos democráticos, imprimindo novo patamar de divulgação de informações, até que sejam regulados.[4]

Mas não é o objetivo da análise que segue fazer os registros do que aconteceu desde 2016. O foco está em entender quais elementos estavam presentes na cultura política do país e que assumiram preeminência a partir de então. Dizia no capítulo 3 que a esfera pública passou a estar tensionada com os novos direitos sendo assegurados a grupos que não os usufruíam antes da redemocratização; dizia também que havia reação dos grupos que tiveram de conviver com a "nova cidadania", que chegava ocupando postos de trabalho ou vagas nas universidades como resultado de políticas de ação afirmativa; dizia ainda que a "cidadania insurgente" trouxe novas formas de padrão cultural produzidas nas periferias e favelas que passaram a pedir sua legitimidade nos espaços públicos. Tudo isso numa convivência ambígua com indicadores sociais que denunciavam o fosso ainda existente entre aqueles grupos que não conseguiam estar incluídos nas novas políticas públicas de integração social, uma vez que eram pensadas para grupos específicos

---

[4] Em uma entrevista ao jornal *The Guardian,* Christopher Wylie, ex-assessor de Steve Bannon, relata a importância da análise psicológica para a coleta de informações de clientes. Se antes era usada para análises dos perfis dos consumidores para o mercado, os dados coletados passaram a ser usados com direcionamento para captar sentimentos a serem usados pela política, como ele descreve as práticas do Cambridge Analytica.

e não foram universalizadas, como o acesso à justiça, à educação e à saúde de qualidade, ou ainda o acesso à moradia e ao transporte dignos, e aqueles que seguiam tendo os benefícios de sempre de um arranjo societário injusto e que deixava intocada a concentração de renda do país.

São os elementos que estavam colocados na nossa desigualdade persistente e que tiveram efeito catalisador para os protestos nos espaços públicos, inclusive contra o partido que estivera mais de uma década no governo e que trouxera políticas de redistribuição efetivas. A hipótese aqui levantada é, portanto, que a nova confluência perversa trazia sinais complexos de uma difícil equação entre a fruição de direitos pedida com a redemocratização e os padrões persistentes de desigualdade social, com o alcance limitado de políticas redistributivas. A crise econômica, que trouxe desemprego e inflação, aliada às notícias sobre corrupção em todos os partidos, e com a narrativa construída de que havia sido inventada pelo PT, significou a retirada do consenso à política no poder, ao mesmo tempo em que forças conservadoras poderosas estavam prontas para a tradução da perigosa mensagem de repúdio à política em seu sentido amplo. Outras narrativas foram então formatadas numa nova dimensão de informação que reduzia os fatos, reforçava "valores" nacionais, ou simplesmente distorcia o que tinha sido conquistado. Tudo isso feito numa tradução tosca e direta para canalizar o grau de insatisfação, procurando reforçar os sentimentos de frustração e indignação. Para usar um conceito muito usado ao longo desse livro, tratou-se de um *frame* de ação coletiva às avessas.

No arranjo político vencedor em 2018, pode-se mesmo dizer que ficou exposta a ambiguidade latente durante as duas décadas de consolidação democrática: os interesses de grupos poderosos de vários setores do mercado (agrário, financeiro, empresarial), que haviam se beneficiado enormemente de políticas protecionistas dos governos do PT, começaram a procurar novos ares com as crises política e econômica instauradas em 2016; os efeitos deletérios da desigualdade no acesso a direitos passaram por uma leitura reducionista, cuja solução se daria apenas na crença de que reformas com viés econômico seriam suficientes para a solução de todos os males; as políticas para a solução da segurança pública do país se reduziam a atos de mais violência policial, em atos de caça a "bandidos", legitimando a violência policial; os atos de corrupção estariam resolvidos com outro salvador da pátria, que despontava então, saído das instâncias do Judiciário.

Em suma, a ambiguidade cobrava seu preço, agora sem a possibilidade do consenso alcançado até 2014. As bancadas conservadoras do Congresso, conhecidas na redemocratização como as bancadas dos três "Bs", do boi, da bala e da bíblia – menosprezadas pelas forças progressistas da sociedade, uma vez que se pensava que nunca teriam poder de se transformar em elites políticas dominantes para traduzir o "espírito do tempo" – chegavam com força, em nome das forças produtivas agrárias, da segurança do "cidadão de bem" e dos costumes da "família brasileira".

Graças à eficácia psicológica das mídias digitais, o que havia sido conquistado no dinamismo social analisado aqui ao longo dos capítulos, passa a ser distorcido como "ideologia de gênero", a refutar os movimentos de mulheres e LGBT; ou como "educação ideológica", a refutar a pedagogia crítica de projetos pedagógicos, como os pensados por Paulo Freire ou pela Lei de Diretrizes e Bases de 1996, trazendo o pedido enganador de uma "escola sem partido"; era traduzido ainda como "marxismo cultural", para rotular as demandas de justiça social por maior fruição de direitos, trazidas pelos vários movimentos sociais que atuaram na esfera pública em todo o período aqui analisado.

Como isso aconteceu? É a pergunta que está no ar devido ao rápido crescimento do setor ultraconservador que assumiu o poder e que tem como característica não só negar a diversidade presente na sociedade brasileira, como também intervir nas conquistas alcançadas. Serão ressaltados três aspectos como fatores explicativos: a) no nível da cultura política, os partidos políticos, dentre estes o PT, se distanciaram das questões sociais que mais afligiam a sociedade, o que foi lido como a impossibilidade de a política partidária resolver as questões sociais; b) no nível da organização partidária, as alianças feitas com partidos conservadores desde a redemocratização deixavam a visão difusa de que "era tudo igual"; c) no plano econômico, as políticas públicas não tiveram o alcance estrutural para promover a radicalidade da democracia com a fruição universalizada dos direitos sociais. Esses fatores foram capturados em discursos que enfatizavam o cansaço do "povo" com a velha política; que as soluções para todos os males passariam por medidas econômicas que trariam mais emprego e mais segurança, e pela chegada de um líder que capturava esse espírito do tempo ao valorizar a pátria, a família e os costumes. Não são necessariamente traços novos na cultura política brasileira, mas o que representa de surpresa é a força do novo *frame*, juntamente com a impossibilidade de qualquer alternativa a esse discurso que exclui e que prega intolerância.

Luis Felipe Miguel (2018) ajuda nessa discussão: ao analisar a reemergência da direita brasileira, ressalta três eixos construídos pela extrema-direita nesse período: a) o "libertarianismo", longe de refletir as ideias liberais clássicas, traz nova noção de liberdade, agora concentrada no menor estado possível e na ênfase à liberdade individual; b) o fundamentalismo religioso, cujo discurso se centra na defesa da família tradicional e na ideia da necessidade de se pregar a palavra revelada, que se traduz no combate ao pluralismo de ideias das várias pertenças religiosas; c) o anticomunismo, com a ênfase dada ao pensamento de Gramsci como promotor maquiavélico para solapar os valores da família tradicional.[5]

Deve-se lembrar ainda de que a visão de mundo conservadora sempre esteve presente no cenário político brasileiro, como analisado desde o capítulo 1. Mas havia um processo de abertura com o retorno à democracia, que foi capaz de contemplar novos padrões culturais que estavam então sendo demandados e novos direitos sendo outorgados. Em 2018, de novo, estava sendo feita a redução dos significantes contidos na cultura política brasileira, na noção de família e dos costumes, enfim, na demonização das práticas culturais que haviam sido traduzidas com a diversidade das pertenças religiosas, do reconhecimento das desigualdades em torno de raça e etnia e a importância de sua valorização, das produções artísticas, nos novos arranjos familiares resultado de orientações sexuais diversas. Os sentimentos analisados no capítulo anterior, de ressentimento, de medo, canalizados agora na esperança em um líder que conversasse diretamente com o "povo", trouxeram tempos sombrios, com o estreitamento da esfera pública habermasiana, bem distinto das décadas de expansão das redes de solidariedade da sociedade civil verificadas até então.

E se há uma tentativa de retrocesso em várias frentes do que foi alcançado ao longo das últimas décadas, com o ataque às manifestações culturais diversas, aos direitos de minoria, aos organismos da sociedade civil, às instituições que produzem conhecimento autônomo, é preciso lembrar que as instituições construídas nessas três décadas de consolidação democrática, nas esferas do legislativo, do judiciário, na academia e nos setores da sociedade civil organizada, estão ativas e poderão vir a ser forças de resistência. A ideia de justiça social, da

---

[5] Em "O ódio como política", Miguel analisa a irracionalidade que tomou conta da discussão política desde 2018 e mostra como os valores que haviam sido enfatizados de maior justiça social e maior inclusão dão lugar à demolição da noção de solidariedade social.

necessidade de reconhecimento das formas das desigualdades persistentes, da produção científica que interpreta a complexidade e dinamismo da sociedade brasileira em todas as suas dimensões representam essas forças, esse "espírito do tempo". Porque as mudanças de padrão cultural e política, enfatizadas ao longo do texto, podem mostrar as forças de resiliência das organizações sociais autônomas, dos coletivos de vários grupos, dos movimentos sociais de periferia vibrantes, enfim, das manifestações culturais que traduzem há muito tempo a diversidade cultural lograda pela sociedade brasileira desde a redemocratização do país.

Bibliografia

ABERS, R.; VON BULOW, M. M. Movimentos sociais na teoria e na prática. *Sociologias*, Porto Alegre, ano 13, nº. 28, 2011.

ABERS, R. et al. Repertório de interação estado-sociedade em um estado heterogêneo: a experiência na era Lula. *Dados*, Rio de Janeiro, v. 57, 2014.

ALBERTI, V.; PEREIRA, A. (orgs.). *Histórias do movimento negro no Brasil.* Rio de Janeiro: FGV/Pallas, 2007.

ALMEIDA, B. *Quando é na favela e quando é no asfalto: controle social repressivo e mobilizações entre lugares de luta.* Tese de doutorado – Programa de Pós-Graduação em Ciências Sociais da PUC-Rio. Setembro de 2018.

ALMOND, G. The Intellectual History of the Civic Culture Concept. In: ALMOND, G.; VERBA, S. *The civic culture revisited.* California: Sage Publications Inc., 1989.

ADORNO, S. Direitos Humanos. In: OLIVEN R. et al. *A Constituição de 1988 na vida dos brasileiros.* São Paulo: Anpocs, 2008.

ARENDT, H. *A condição humana.* Rio de Janeiro: Forense Universitária, 1993.

ARENDT, H. *Crises da República.* São Paulo: Perspectiva, 1972.

APPIAH, K. A. Identity, authenticity, survival: multicultural societies and social reproduction. In: TAYLOR, C. (org.) *Multiculturalism.* New Jersey: Princeton University Press, 1994.

AVRITZER, L. Cultura política, atores sociais e democratização. *Revista Brasileira de Ciências Sociais*, São Paulo, nº. 28, 1995.

BARBOSA, J. *Ação afirmativa e princípio constitucional da igualdade.* Rio de Janeiro: Renovar, 2001.

BELLAH, R. *Habits of the heart.* Los Angeles: University of California Press, 1996.

BENDIX, R. R. *Nation-building and citizenship.* New York: Doubleday, 1969.

BENHABIB, S. Models of public sphere: Hannah Arendt, the liberal tradition and Jürgen Habermas. In: CALHOUN (ed.). *Habermas and the public sphere.* Massachusetts: The MIT Press, 1999.

BOBBIO, N. *A era dos direitos.* Rio de Janeiro: Campus, 1990.

BOURDIEU, P.; PASSERON, J.C. *A Reprodução – elementos para uma teoria do ensino.* Petrópolis: Vozes, 2008.

BURGOS, M. Afirmação institucional da escola democrática. In: BURGOS (org.). *A escola e o mundo do aluno.* Rio de Janeiro: Garamond, 2014.

CARVALHO, J. M. *Os bestializados*. São Paulo: Companhia das Letras, 1991.

CARVALHO, M. A. R. Cultura política, capital social e a questão do déficit democrático. In: VIANNA, W. (org.). *A democracia e os três poderes no Brasil*. Belo Horizonte: UFMG, 2002.

COHEN, J.; ARATO, A. *Sociedade civil y teoría política*. México: Fondo de Cultura Económica, 2000.

COLLINS, P. H.; BILGE, S. *Interseccionality*. Massachussetts: Polity Press, 2016.

COSTA, S. *As cores de Ercília*. Belo Horizonte: Editora UFMG, 2002.

CUNHA, L. A. *Educação, Estado e democracia no Brasil*. Rio de Janeiro: Cortez, Eduff/Flacso, 2001.

DaMATTA, R. *Relativizando*. Rio de Janeiro: Rocco, 1993.

DAGNINO, E. Os movimentos sociais e a emergência de uma nova cidadania. In: DAGNINO, E. (org.). São Paulo: Brasiliense, 1994.

DAGNINO, E. Construção democrática, neoliberalismo e participação: os dilemas da confluência perversa. *Política e sociedade*, nº. 5, outubro, 2004.

DAUSTER, T. Uma infância de curta duração: trabalho e escola. *Cadernos de Pesquisa*. (Fundação Carlos Chagas), nº. 82. São Paulo: Cortez, 1992.

DEWEY, J. *Democracia e educação*. São Paulo: Companhia Editora Nacional, 1959.

DUBET, F. *Le temps de passions tristes – Inegalité et populisme*. Paris: Éditions du Seuil, 2019.

DUBEUX, S. Preconceitos e discriminações raciais na visão de juízes e desembargadores. In: PAIVA, A. (org.). *Notícias e reflexões sobre discriminação racial*. Rio de Janeiro: Pallas/PUC-Rio, 2008.

DURHAM, E. Movimentos sociais e a construção da cidadania. Novos Estudos Cebrap, v. 10, 1984.

DURKHEIM, E. *Educação e sociologia*. São Paulo: Melhoramentos, 1978.

FERNANDES, F. *A integração do negro na sociedade de classes*. São Paulo: Ática, 1978.

FERNANDES, F. *O desafio educacional*. São Paulo: Cortez, 1989.

FRASER, N. *Justice interrupts*. New York: Routledge, 1997.

FRASER, N. Redistribuição ou reconhecimento? Classe e status na sociedade contemporânea. *Intersecções*, ano 4, nº. 1, 2002.

FRASER, N.; HONNETH, A. *Redistribution or recognition? A political-philosophical exchange*. New York: Verso, 2003.

FREIRE, P. *Educação como prática da liberdade*. São Paulo: Paz e Terra, 1989.

GOFFMAN, E. *Os quadros da experiência social*. Petrópolis: Vozes, 2012.
GOHN, M. G. *Participação e democracia no Brasil*. Petrópolis: Vozes, 2019.
GOHN, M. G. *Educação não formal e cultura política*. São Paulo: Cortez, 2008.
GOMES, N. L. *O movimento negro educador*. Petrópolis: Vozes, 2018.
GONZALEZ, L.; HASENBALG, C. *Lugar de negro*. Rio de Janeiro: Marco Zero, 1982.
GUIMARÃES, A. S. *Classes, raças e democracia*. São Paulo: Editora 34, 2002.
GUIMARÃES, A. S. *Racismo e anti-racismo no Brasil*. São Paulo: Editora 34, 1997.
GUTERRES, A.; VIANNA, A.; AGUIÃO, S. Percursos, tensões e posibilidades de participação de movimentos de mulheres e feminista nas políticas governamentais. In: LOPES, J. S. L; HEREDIA B. (org.). *Movimentos sociais e esfera pública, o mundo da participação*. Rio de Janeiro: Colégio de Altos Estudos, UFRJ, 2014.
HABERMAS, J. *Mudança estrutural na esfera pública*. Rio de Janeiro: Tempo Brasileiro, 1984.
HABERMAS, J. *The Theory of Communicative Action*, vol. 2. Boston: Beacon Press, 1989.
HABERMAS, J. Further reflections on the public sphere. In: CALHOUN, C. (ed.). *Habermas and the public sphere*. Cambridge: MIT Press, 1999.
HASENBALG, C. *Discriminação e desigualdades raciais no Brasil*. Rio de Janeiro: Graal, 1979.
HASENBALG, C.; SILVA, N. V. *Relações raciais no Brasil Contemporâneo*. Rio de Janeiro: Rio Fundo, 1992.
HASENBALG, C.; SILVA, N. V. *Origens e destinos*. Rio de Janeiro: Topbooks, 2003.
HENRIQUES, R. *Raça e gênero nos sistemas de ensino*. Brasília: Unesco, 2001.
HOLLANDA, S. B. *Raízes do Brasil*. São Paulo: José Olympio, 1982.
HOLSTON, J. *Cidadania insurgente*. São Paulo: Companhia das Letras, 2013.
HONNETH, A. *A luta por reconhecimento*. São Paulo: Editora 34, 2003.
HONNETH, A. Redistribution as recognition: a response to Nancy Fraser. In: FRASER, N.; HONNET, A. *Redistribution or recognition? A political-philosophical exchange*. New York: Verso, 2003b.
KERSTENETZKY, C. Foi um pássaro, foi um avião? *Novos Estudos Cebrap*, São Paulo: vol. 36, julho de 2017.

KOWARICK, L. *Escritos urbanos*. São Paulo: Editora 34, 2000.
LESBAUPIN, I. Comunidades de base e mudança social. *Praia Vermelha – Estudos de política e teoria social*. Rio de Janeiro, vol. 2, n°. 3, 2000.
LAVALLE, A. et al. *Movimentos sociais e institucionalização*. Rio de Janeiro: Eduerj, 2019.
LEAL, V. N. *Coronelismo, enxada e voto*. São Paulo: Alfa e Ômega, 1993.
LECA, J. Questions on citizenship. In: MOUFFE, C. *Dimensions of radical democracy*. London: Verso, 1995.
LEFEBVRE, H. *O direito à cidade*. São Paulo: Centauro Editora, 2016.
MACHADO, E. Dentro da lei: As políticas de ação afirmativa nas universidades. In: PAIVA, A. (org.). *Ação afirmativa em questão: Brasil, Estados Unidos, África e França*. Rio de Janeiro: Pallas, 2013.
MARSHALL, T. H. *Cidadania, classe social e status*. Rio de Janeiro: Zahar, 1967.
MATTOS, P. *A sociologia política do reconhecimento*. São Paulo: Annablume, 2006.
McADAM, D. *Political Process and the Development of Black Insurgency*. Chicago: The University of Chicago Press, 1999.
MEAD, G. H. *Mind, self and society*. Chicago: University of Chicago Press, 1964.
MEDEIROS, J. et al. *Ocupar e resistir – Movimento de ocupação de escolas pelo Brasil (2015-2016)*. São Paulo: Editora 34, 2019.
MELUCCI, A. *A invenção do presente*. Petrópolis: Vozes, 2001.
MIGUEL, L. F. A reemergência da direita brasileira. In: GALLEGO, E. S. (org.). *O ódio como política*. São Paulo: Boitempo, 2018.
MOORE, B. *As origens sociais da ditadura e da democracia*. São Paulo: Martins Fontes, 1983.
MOUFFE, C. Democracy, citizenship and the political community. In: MOUFFE, C. (ed.). *Dimensions of radical democracy*. Londres: Verso, 1995.
NASCIMENTO, A. Quilombismo. *Afrocentricidade: uma abordagem epistemológica inovadora*. Vol. 4. São Paulo: Sumus, 2009.
NOVAES, R.; ALVIM, R. Movimentos, redes e novos coletivos juvenis. In: LOPES, J. S. L.; HEREDIA, B. (org.). *Movimentos sociais e esfera p*ública, o mundo da participação. Rio de Janeiro: Colégio de Altos Estudos, UFRJ, 2014.
PAIVA, A. R. *Católico, protestante, cidadão*. Belo Horizonte: UFMG Ed., 2003.
PAIVA, A. R. A difícil equação entre modernidade e desigualdade. *Intersecções*. Julho de 2004.

PAIVA, A. R. *Juventude, cultura cívica e cidadania*. Rio de Janeiro: Garamond, 2013.

PAIVA, A. R. Mudança no campus: falam os gestores das universidades com ação afirmativa. In: PAIVA, A. (org.). *Entre dados e fatos: ação afirmativa nas universidades públicas brasileiras*. Rio de Janeiro: Pallas/PUC-Rio, 2010.

PAIVA, V. Revolução educacional e contradições da massificação do ensino. *Contemporaneidade e educação – Revista Trimestral Temática de Ciências Sociais e Educação*, ano III, pp. 44-99, 1998.

PEREIRA, A. M. *Trajetórias e perspectivas do movimento negro brasileiro*. Belo Horizonte: Nandyala, 2008.

PLEYERS, G. *Movimentos sociales en el siglo XXI*. Buenos Aires: Clacso, 2018.

PILATTI, A. *A Constituinte de 1987-1988*. Rio de Janeiro: Lumen Juris/PUC-Rio, 2008

PUTNAM, R. *Comunidade e democracia – a experiência da Itália moderna*. Rio de Janeiro: FGV Editora, 1996.

REIS, E. P. Elites agrárias, *state building* e autoritarismo. In: REIS, E. P. *Processos e escolhas*. Rio de Janeiro: Contra Capa, 1998.

REIS, E. P. *Desigualdade e solidariedade: uma releitura do familismo amoral de Banfield*. Rio de Janeiro: Contra Capa, 1998.

RIBEIRO, C. A. C. Classe, raça e mobilidade social no Brasil. *Dados*, nº. 49, 2006.

RIBEIRO, M. *Políticas de promoção da igualdade racial no Brasil*. Rio de Janeiro: Garamond, 2014.

SALES, T. Raízes da desigualdade social na cultura política brasileira. *Revista Brasileira de Ciências Sociais,* vol. 9, nº. 25.

SANCHES, T. O. O que os movimentos sociais de luta pela moradia dizem sobre as cidades: os casos de Rio de Janeiro e Londres. Caxambu: 42º Encontro Anual da ANPOCS, v. 42, 2018.

SANSONE, L. Cor, classe e modernidade em duas áreas da Bahia. *Estudos afro-asiáticos*, nº. 22.

SANTOS, R. E. Racialidade e novas formas de ação social: o pré-vestibular para negros e carentes. In: SANTOS, R. E. *Ações afirmativas. Políticas públicas contra as desigualdades raciais*. Rio de Janeiro: DP&A, 2003.

SANTOS W. G. *Cidadania e justiça. A política social na ordem brasileira*. Rio de Janeiro: Campus, 1987.

SANTOS W. G. *Razões da desordem*. Rio de Janeiro: Rocco, 1993.

SCHERER-WARREN, I. *Redes de movimentos sociais*. São Paulo: Loyola, 1996.
SCHERER-WARREN, I. Fóruns e redes da sociedade civil: percepções sobre exclusão e cidadania. *Política e Sociedade,* Florianópolis, 2007.
SCHWARTZMAN, S. *Bases do autoritarismo brasileiro.* Rio de Janeiro: Campus, 1988.
SCHWARTZMAN, S. et al. *Tempos de Capanema.* São Paulo: Edusp/Paz e Terra, 1984.
SILVA, N. do V. Extensão e natureza das desigualdades raciais no Brasil. In: GUIMARÃES, A. S. A.; HUNTLEY, L. (orgs.). *Tirando a máscara.* São Paulo: Paz e Terra, 2000.
SOUZA, J. *A modernização seletiva.* Brasília: Editora UnB, 2000.
SOUZA, J. *Multiculturalismo e racismo.* Brasília: Paralelo 15, 1997.
TARROW, Sidney. *Power in movement.* New York: Cambridge University Press, 1998.
TAYLOR, C. The politics of recognition. In: GUTMANN, A. (ed.). *Multi--culturalism.* Princeton: The Princeton University Press, 1994.
TEIXEIRA, A. *A educação e a crise brasileira.* Rio de Janeiro: Ed. UFRJ, 2005.
TELLES, I. S. *Conciliação e educação: o discurso das elites (1840-1855).* Tese de doutorado defendia no Departamento de Educação da PUC-Rio, 1989.
TELLES, V. S. Sociedade civil e a construção de espaços públicos. In: DAGNINO (org.) *Anos 90: Política e sociedade no Brasil.* São Paulo: Brasiliense, 1994.
TELLES, V. S. *Cidadania e pobreza.* São Paulo: Editora 34, 2001.
TOCQUEVILLE, A. *A democracia na América.* São Paulo: Itatiaia, 1987.
TOURAINE, A. *Pensar outramente.* Petrópolis: Vozes, 2007.
TURNER, B. Outline of a theory of citizenship. *Sociology.* v. 24, Maio de 1990.
VELHO, O. *Capitalismo autoritário e campesinato.* São Paulo: Difel, 1979.
WALZER, M. The civil society argument. In: BEINER, R. (ed.). *Theorizing citizenship.* New York: State University of New York Press, 1995.
WERNECK VIANNA, L. *A revolução passiva.* Rio de Janeiro: Revan, 1997.
WERNECK VIANNA, L. O Terceiro Poder na Carta de 1988 e a Tradição Republicana: mudança e conservação. In: OLIVEN, R. et al. *A Constituição de 1988 na vida brasileira.* São Paulo: Hucitec. 2008.
WEFFORT, F. *O populismo na política brasileira.* Rio de Janeiro: Paz e Terra, 1978.

1ª edição
Esta obra foi impressa na gráfica Edelbra,
em Erechim, em fevereiro de 2021.
As tipografias utilizadas foram Minion Pro
para texto e Meta Pro para títulos.
Miolo impresso em papel Offset 75g/m²
e capa em Cartão Supremo 250g/m²